大数据驱动下的
大学英语教学革新与探索

丽 娜 ◎ 著

吉林人民出版社

图书在版编目（CIP）数据

大数据驱动下的大学英语教学革新与探索 / 丽娜著.
-- 长春：吉林人民出版社，2021.6
ISBN 978-7-206-18186-3

Ⅰ.①大… Ⅱ.①丽… Ⅲ.①英语－教学改革－研究－高等学校 Ⅳ.① H319.1

中国版本图书馆 CIP 数据核字（2021）第 119275 号

责任编辑：郭　威
装帧设计：马静静

大数据驱动下的大学英语教学革新与探索
DASHUJU QUDONG XIA DE DAXUE YINGYU JIAOXUE GEXIN YU TANSUO

著　者：丽　娜

吉林人民出版社出版发行（长春市人民大街 7548 号　邮政编码：130022）

印　刷：北京亚吉飞数码科技有限公司
开　本：710mm×1000mm　　　　　1/16
印　张：16　　　　　　　字　数：207 千字
标准书号：ISBN 978-7-206-18186-3
版　次：2022 年 3 月第 1 版　　印　次：2022 年 3 月第 1 次印刷
印　数：1-1 000 册　　　　　　定　价：82.00 元

如发现印装质量问题，影响阅读，请与出版社联系调换。

前　言

在当今社会,科技与网络的迅猛发展,使得人们的生存方式发生了极大的改变,人们正在进入互联网与大数据时代。大数据逐渐成为一种重要的信息资产,人类思维也逐渐向互联网思维转变。这种思维方式的出现是一种重要的思想革命,致使传统的等级意识、权威观念等趋向扁平化。在大数据时代,更加强调以人为本,体现一种开放、平等的思想。

大数据改变了人们的方方面面,当然也会对教育界产生影响,引发了一场教育革命,这场革命的实质就在于依靠网络,对学习者的知识获取方式加以改变,提升学习者的自主意识与能力。从本质上而言,大学英语教学是为了向社会输送更多的英语人才,同时满足英语学习者自身价值的需要。在当前背景下,大学英语教学从大数据的特点出发,对固有的教学模式加以改变,促进教学的革新,不仅是教育界讨论的话题,也是提升我国英语人才素质的题中之意。新型英语人才的培养并不是一蹴而就的,需要教学者具有创新思维和勇于挑战的决心。鉴于此,作者在研究国内外众多专著的基础上,精心撰写了《大数据驱动下的大学英语教学革新与探索》一书,以期从学科角度对社会前沿问题进行对比与回应,最终提高大学英语教学效果。

本书共包含十章。第一、二章开篇明义,对大数据与大学英语教学的基础知识展开分析。其中第一章分析了大数据的时代背景、内涵以及核心价值。第二章论述了大学英语教学的内涵、理论依据以及基本原则。前面两章为后面章节内容的展开做铺垫。第三章为过渡章,将大数据与大学英语教学相结合,分析了大学英语教学的信息化诉求、大数据为大学英语教学带来的巨大变革和巨大优势,并总结了大数据时代下大学英语教学的属性。第四章至第十章为本书的重点,从大数据视角论述了与大学英语教学相关的方方面面。其中第四章对大数据驱动下的大学英语教学模式进行革新,包含多模态交互教学、慕课教学、微课教学、翻转课堂教学、线上线下混合式教学这五种模式。第五章至第八章分析了大数据驱动下的大学英语基础知识与基本技能教学,首先分析了各项知识与技能的基础知识,进而探讨大数据驱动下各项知识与技能的教学原则与具体方法。第九章对大数据驱动下大学英语教师的专业发展进行探讨,分析了大学英语教师专业发展的相关知识,并论述了大数据驱动下大学英语教师的角色、素质以及专业发展途径。最后一章论述了大数据驱动下大学英语教学评价的多元化改革,首先分析了大学英语教学评价的相关知识,进而论述了大数据驱动下大学英语教学评价的基本原则与体系构建。

总体而言,本书是对大学英语教学革新方向的重要探索,通过将大数据融入大学英语教学之中,做到了社会需求与人才培养的紧密融合。在各章节的展开中,以大数据与大学英语教学的基础知识作为切入点,将大学英语教学与大数据相结合,层层深入,有理有据。为了避免文章艰涩难懂,作者在介绍理论的同时加入了大量实例,既降低了读者对文章的理解难度,也提高了本书的实用性与应用性。相信本书会为英语学习者、大数据教学者和相关领域研究者带来一定的启发。

本书在成书过程中,得到了很多专家、学者的意见和建议,在此表示诚挚的谢意。书中所引述书目,均在参考文献中列出,如有遗漏,敬请谅解。鉴于作者水平有限、写作时间仓促,书中难免有疏漏之处,恳请广大读者批评指正。

作 者

2020 年 11 月

目 录

第一章 大数据时代的到来 …………………………………… 1
- 第一节 大数据时代背景分析 …………………………………… 1
- 第二节 大数据的内涵解析 ……………………………………… 4
- 第三节 大数据的核心价值 ……………………………………… 6

第二章 大学英语教学的基本理论 ……………………………… 9
- 第一节 大学英语教学的内涵解析 ……………………………… 9
- 第二节 大学英语教学的理论依据 ……………………………… 11
- 第三节 大学英语教学的基本原则 ……………………………… 37

第三章 大数据驱动下的大学英语教学 ………………………… 42
- 第一节 大学英语教学的信息化诉求 …………………………… 42
- 第二节 大数据为大学英语教学带来的巨大变革 ……………… 56
- 第三节 大数据驱动下大学英语教学的优势 …………………… 64
- 第四节 大数据驱动下大学英语教学的属性 …………………… 66

第四章 大数据驱动下大学英语教学模式的革新 ……………… 68
- 第一节 多模态交互教学 ………………………………………… 68
- 第二节 慕课与微课教学 ………………………………………… 73
- 第三节 翻转课堂教学 …………………………………………… 81
- 第四节 线上线下混合式教学 …………………………………… 88

第五章 大数据驱动下的大学英语基础知识教学 ……………… 102
- 第一节 大数据驱动下的大学英语词汇教学 …………………… 102
- 第二节 大数据驱动下的大学英语语法教学 …………………… 111

第六章　大数据驱动下的大学英语听说技能教学……………121
　第一节　大数据驱动下的大学英语听力教学……………121
　第二节　大数据驱动下的大学英语口语教学……………132

第七章　大数据驱动下的大学英语读写技能教学……………142
　第一节　大数据驱动下的大学英语阅读教学……………142
　第二节　大数据驱动下的大学英语写作教学……………158

第八章　大数据驱动下的大学英语翻译技能与
　　　　文化技能教学……………………………………168
　第一节　大数据驱动下的大学英语翻译教学……………168
　第二节　大数据驱动下的大学英语文化教学……………180

第九章　大数据驱动下大学英语教师的专业发展……………192
　第一节　大学英语教师专业发展概述……………………192
　第二节　大数据驱动下大学英语教师的角色与素质……199
　第三节　大数据驱动下大学英语教师专业发展的途径…208

第十章　大数据驱动下大学英语教学评价的多元化改革……215
　第一节　大学英语教学评价概述…………………………215
　第二节　大数据驱动下大学英语教学评价的基本原则…223
　第三节　大数据驱动下大学英语教学评价体系的构建…226

参考文献…………………………………………………………233

第一章　大数据时代的到来

当今已经进入了大数据时代,大数据在深刻地改变着人们的生活、工作与学习。无论是在科学研究上,还是在商业活动中,无论是政府还是个人,都可以看到大数据的影子。显然,大数据已经渗透到人们工作与生活的方方面面。大数据给这个时代带来的改变是不言而喻的,它不仅改变了人们的生产生活方式,也改变了人们的思维与决策方式。可见,大数据不仅是一门技术,更属于一种社会现象。本章作为开篇,就来探讨大数据时代的到来。

第一节　大数据时代背景分析

一、数据无处不在

互联网的迅猛发展,要求机器设备采集信息应该具有及时性,加上移动互联网的应用,导致产生了大量的文本、数据、音频、视频等,这对存储技术提出了更高的要求。同时,位置信息、关系信息等使数据的种类更加丰富,因此对数据进行挖掘显得非常重要,也得到了人们的重视。当然,对这些数据如何进行挖掘和存储成为一个关键问题,这时大数据的理念与方法正在悄然诞生。

根据中国互联网络信息中心发布的报告,当前我国的网民数量已经稳居世界首位,每天产生的数据量也在世界名列前茅。很多人早晨起床的第一件事就是刷手机。现如今,手机已经成为人的身体的一个重要"器官",而看手机实际上就是看信息,看信息其实就是在看数据。也就是说,现如今人们已经离不开数据。

随着互联网技术的迅猛发展,物联网、云计算以及社交网络、智能终端等应运而生,这些都是数据采集方式的丰富手段。另外,为了避免数据出现遗失,也出现了很多存储设备,这样使数据保存更为快捷与安全,也让数据变得更为强大。

数据的快速增长吸引了更多的数据管理与分析服务。政府、互联网、电子商务、医疗、金融等行业开始采用多种新兴信息技术来收集各类数据,便于从中挖掘出价值与知识。数据规模与类型越来越大,这已经成为当今社会的显著特征。对于组织而言,数据采集已经不是障碍,关键在于如何对其进行完善,挖掘出更有效的信息,让信息变得更容易理解并且便于采取行动。

二、数据成为战略资源

《华尔街日报》指出了引领未来繁荣的三种技术:智能化生产技术、大数据技术以及无线网络技术。麦肯锡公司指出数据属于一种生产资料,是下一个竞争与创新的前沿。世界经济论坛的报告指出大数据是一种新的财富手段,价值甚至要超过石油。

通过上述这些论调,我们应该知道这一时代需要更好地认识与掌握大数据,并对大数据进行合理的开发与利用。大数据的价值主要体现在其具体的应用上,人们对大数据的关心实际上也是对应用的关心,关心如何从业务与应用出发,挖掘大数据的价值,从而使大数据为人们的生产生活服务。

在大数据时代,谁能够挖掘与掌握数据的价值,谁就能够在竞争中获胜,这无论是对商业组织而言,还是对国家文明而言。下面从几个层面来看大数据的战略价值。

(一)从国家战略看大数据

当前,大数据已经成为对国家竞争优势进行重塑的新机遇。在信息化迅猛发展的今天,大数据已经成为国家的重要战略资源,其价值已然与今天的自然资源、人力资源等同,大数据在信息公开、国家安全、设施布局、隐私保护等层面的作用非常巨大。大数据及其应用已经成为各行各业制胜的关键。

对大数据的恰当应用,实现数据规模、质量的提升,发掘其潜在的价值,有助于更好地发挥大数据的战略作用,提升网络空间数据的保护能力,维护国家的安全,进而提升国家的竞争力。

(二)从企业发展看大数据

大数据是随着网络发展而不断产生的,其应用领域非常广泛。大数据在精准广告、搜索引擎、商贸零售等层面都得到了广泛的应用,其对数据的挖掘与应用是得到人们认可的。同时,在互联网金融、医疗等领域,大数据得到了人们的关注。不仅如此,大数据也对传统行业产生了巨大的冲击。

如果企业能够运用大数据,那么就能够抢占先机;如果能够将数据作为核心资产,那么就能够提升自身的竞争力与国际地位。在大数据时代,将会有更多的企业有数据的需求,这些需求能够促进企业进行良好的转型。百度、腾讯等公司就为这些企业提供了服务,有些企业在经营中并不盈利,但是他们通过这些服务,可以获取广大用户的数据,从而开发这些用户资源,进而获得利润与价值。电信运营商是典型的数据资产运营者,他们有着丰厚的用户数据、视频数据、流量数据等,这些数据给予了他们广大的优势,目前主要的电信运营商都在努力开发数据资源。显然,在大数据时代,可以毫不夸张地说,得数据者得天下。

从大数据的案例到实际运用,从数据收集到挖掘,大数据本身是一个非常复杂的过程。大数据的数据量并不是一个最为重要的问题,最为重要的问题是数据质量问题,即要保证数据的实效性。

(三)从公众视角看大数据

在当今时代,公众不仅仅是数据的消费者,也是数据的生产与加工者，他们在对数据的生产、加工等过程中，能够提升自身对世界的认知，并对他人的决策判断产生影响，进而影响其消费需求。因此，在大环境下，如何培养自身的数据基因与思想，并对这些数据基因与思想进行分析，对复杂的现象进行判断，成为现代人必备的生存技能与个人修养。

第二节　大数据的内涵解析

一、大数据的内涵

大数据的英文表达是 Big Data，意思是"海量数据"。数据的规模大到了已经无法用当前的技术和工具来处理，那就必须突破瓶颈，从而产生数据革命。对数据的处理包括很多方面，有收集、整理、分类、存储、分析、预测和输送等。

数据如同人体的血液，大数据则是整个人体系统与血液有关的部分。最早涉及这个概念的是天文学和基因学领域，因为这两个学科非常依赖对数据的分析方法，尤其是对"海量数据"的分析。它也是电脑和互联网结合的产物，因为电脑实现了数据的"数字化"，让它们像数字一样容易储存，互联网则实现了数据的"网络化"，让它们通过网络可以自由快速地传输。

之后，大数据才真正拥有了无穷的生命力。互联网的技术不断发展，渗透到我们的工作和生活中，加上移动网络、物联网与其他各种联网设备的出现与普及，一个必然产生的现象就是数据的迅速增长。有90%的数据是互联网出现以后才产生的，它以指数级的速度在我们的生活中不断增加，从海量至于无穷大，世界正被数据淹没。

我们需要更加关注的是数据从量变开始质变，并且体现在多个方面，触发蝴蝶效应，推动其他领域的变化。

二、大数据需要考虑的问题

从企业与个人信息安全的角度来说,大数据需要考虑五个层面的问题。①

(一)网络安全

随着在线交易、在线对话、在线互动的兴起,在线数据越来越多,黑客们的犯罪动机也比以往任何时候都来得强烈。如今除了个人黑客之外,还出现了国家黑客,其组织性更强,更加专业,作案工具更加强大,作案手段更是层出不穷。相比于以往一次性数据泄露或者黑客攻击事件的小打小闹,现在数据一旦泄露,对整个企业、个人和国家而言,无异于重大打击,一着不慎就会满盘皆输,不仅会导致声誉受损、造成巨大的经济损失,严重的还要承担法律责任(如金融机构的安全漏洞)。所以,在大数据时代,网络的恢复能力以及防范策略可以说是至关重要的。

(二)云数据

云技术是新时代的技术产物,现在人们快速采用和实施诸如云服务时仍然存在大量的压力,这是因为我们对其可能带来的风险和后果仍然没有办法预料和控制。尤为重要的是,云数据是黑客的目标,其极具吸引力并能获取高价值信息。因此,这就对企业制定与云计算相关的安全策略提出了极高的要求。

(三)移动化

这个时代在变得"移动化",人们对数据的需求增加,而数据的收集、存储、访问、传输等工作都需要借助移动设备,所以大数据时代的来临也带动了移动设备的猛增。比如,越来越多的员工

---

① 赵伟.大数据在中国[M].南京:江苏文艺出版社,2014:24—27.

用自己的移动设备进行办公,他们上班时拿着移动设备来到公司,下班后又拷贝了数据离开。我们不能否认,这很便利,有利于工作,也帮助企业节省了很大一笔开支,但也给企业带来了更大的安全隐患。要知道,移动设备是黑客入侵内网的绝佳跳板,比如以色列攻击伊朗核电站的手段就是靠一块很小的移动硬盘接入了核电站的工业计算机,从而释放病毒给其致命攻击。移动化给企业的管理和安全保护带来了难度。

(四)微妙而紧密的供应链

在今天这个全球化的时代,每个企业都是复杂并互相依存的,都是全球供应链的一部分,但供应链本身恰恰是最薄弱的环节。信息将供应链紧密地联系在一起,从简单的数据到商业机密再到知识产权,而某一环节信息的泄露就可能导致整个供应链上的企业遭受巨大损失,甚至会违反法律,受到司法制裁。对全球化来说,信息安全是如此重要,它在整个供应链上扮演着血液的角色,如果血液中有了病毒,那么后果不堪设想。

(五)隐私安全

随着产生、存储、分析的数据量越来越大,隐私问题在未来的几年也将愈加凸显。所以新的数据保护要求以及立法机构和监管部门的完善应当提上日程。

第三节 大数据的核心价值

一、促进了思维数据化

从目前来看,当大数据时代到来时,任何一家公司的竞争力都可以划分为三种类型。第一种是大数据本身;第二种是与大数据相关的技术；第三种是大数据思维。这三种竞争力不可替代，亦缺一不可，但其中最为关键的部分，就是将数据与思维结合起来。数据可以被复制，技术也可以被超越，只有思维难以被窃取。拥有领先思维的大数据玩家，最有资格发动一场胜算极大的战争，或者占据最大份额的市场，形成自己坚不可摧的竞争力。可以发现，具备大数据思维优势的公司往往是那些新兴的创业型公司，它们在一个全新的领域内崛起，而且它们的创始人大多具备大数据思维能力和大数据技术，能够及早地发现某特定商业领域中大数据的应用价值，并且做到第一时间把自己的理想付诸实施。在别人进入该领域之前，这些公司就已完成了垄断。

大数据时代的到来，不仅是技术的更新，它同时标志着我们处理信息方式的变化，我们思考问题模式的升级，我们思维深度的掘进，是我们智能的进化。随着时间的推移，大数据将会彻底地改变人们思考这个世界的方式。

之前已经有预言：大数据的到来将引发一场新的"智慧革命"。人们可以从海量、复杂、实时的大数据中发现知识，提升智能，为社会创造更大的价值。所以，尽管存在这样或那样的不足，但大数据时代一定是美好的时代，因为数据化正在可控的范围内让我们的生活更美好，让人们的工作更方便，让人们的未来更清晰，也让人类看到了改变世界整体结构的希望，让它逐步具备"智慧"特征，从而通过数据这一工具，实现人与自然的沟通，互相之间进行智慧与理性的交流。

那么，到那时候，人们的学习、工作、生活、娱乐以及交通、医疗、能源利用方式等都将随之改变。人们可以改变自己的头脑，从海量数据中获取所必需的工具和技能；可以提升自己的智慧，以大数据的思维重塑自己的人生战略，增强竞争力。

二、促进了生活变革

大数据时代给人们的生活带来的好处当然是显而易见的。

现在，每个人都拿着一部手机，有的人甚至有好几部智能手机；人们面前亦摆着电脑，并且随时可以上网；面对爆炸式的信息，人们遨游在信息海洋中，可以轻松地获取数据，来改善生活的质量，享受科技带来的乐趣。

  数据爆炸引发了生活变革。这使人们的世界充斥着比以往更多的信息，同时信息的增长速度飞快，快得让人感觉眼花缭乱，应接不暇。这种信息总量和速度的变化，最终导致了信息形态的变化，从量变引发了质变。

三、促进了社交变革

  在社交领域内，人们能想到的第一个概念就是"关系"。关系并不局限于自己所认识的人，如朋友、亲戚、同事和客户。这些直接关系的"关系"，也涉及人脉资源。

  传统的社交理念是碎片式的，就是只跟直接关系有联络，然后再通过他们去认识他们的人脉资源，就像一片片的叶子，通过互相之间的支脉相连，建立一种间接联系。

  大数据时代改变了这一传统社交理念，将碎片式的社交连接变成了网式关系库。所谓网式关系库，就是"点对点"的直接连接，人们在大数据工具的帮助下，直接与目标关系人建立联系。

第二章　大学英语教学的基本理论

在我国高等教育教学中，大学英语教学有着重要的地位，并且随着人们对大学英语教学越来越重视，对大学英语教学的要求也越来越高。当前的大学英语教学不仅在于传播英语知识，还承担着培养英语实用型人才的责任。本章就对大学英语教学的理论展开研究。

第一节　大学英语教学的内涵解析

一、大学英语教学的界定

作为一项活动，教学贯穿于整个人类社会的生产与发展过程中。也就是说，教学在原始社会就产生了，只不过原始社会将教学与生活本身视作一回事，并不是将教学视作独立的个体存在。但是，随着社会的不断发展，教学逐渐独立出来，成为一个单独的形态，并对人们的生产生活产生了重要的影响。由于角度不同，人们对教学概念的理解也不同，因此笔者从常见的几个定义出发进行解释。

有人认为教学即教授。从汉字词源学上分析，"教"与"教学"有着不同的解释，但是在我国教育活动中，人们往往习惯从教师的角度对教学的概念进行解释，即将教学理解为"教"，因此"教学论"其实就等同于"教论"。

有人认为教学即学生的学。有些学者从学生"学"的角度对教学进行界定,认为教学是学生基于教师的指导,对知识进行学习的过程,从而发展学生自身的技能,形成自身的品德。

有人认为教学即教师的教与学生的学。教师与学生将课程内容作为媒介,为了实现共同的目标,彼此共同参与到活动中。也就是说,教学不仅包含教,还包含学,教与学是同一过程的两个方面,彼此相辅相成、不可分割。教学的根本目的在于促进学生的进步和发展。因此,这一观点是对前面两个观点的超越。

有人认为教学即教师教学生学。对于这一观点,其主要强调的是教师指导学生"学习",即教师"教学生学",这一观点强调教师要教会学生学习,重视学生学习方法的传授等,让学生学会自主学习。

二、大学英语教学的属性

(一)有目的、有计划的系统性活动

说教学具有计划性、目的性,主要在于教师是为了让学生获得知识与技能,实现多层面的发挥。在教学活动中,教师需要从教学任务与教学目的出发,将课程内容作为媒介,通过各种方法、手段等引导学生进行交往与交流,促进学生的全面发展。

大学英语教学系统性主要体现在其制定者的工作中,如教育行政机构、教研部门和学校的教学管理者等的工作。大学英语教学的计划性指的是对英语基础知识的计划性教学,如大学英语语音、词汇、语法、写作、阅读等具体知识和技能的传递。

(二)教师教与学生学的统一活动

前面通过对教学的定义进行介绍可知,无论从哪个角度而言,人们都不能否认教学活动是"教"与"学"的过程,且二者是相互制约、相互依赖的关系。在课堂中,教师的教离不开学生的学,学生的学自然也离不开教师的教,因此二者是同一过程的两个层面。正如王策三在《教学论稿》中所说:"所谓教学,乃是教

师教、学生学的统一活动；在这一活动中,学生掌握自身需要的知识与技能,同时促进自己身心的发展。"

需要指明的是,大学英语教学并不是教与学的简单相加,而是教师知道学生学习的过程,是二者相统一、相结合的过程。要想保证教与学的统一,不能片面地强调只有教或者只有学,也不能片面地简单相加,而应该从学生自身的学习规律与身心发展特点出发,进行教与学的活动。从这一点来说,教师教学能否成功的关键是学生的学。

(三)教师与学生以课程内容作为媒介的活动

也就是说,在教师教与学生学之间,课程内容充当中介与纽带的作用。师生围绕这一纽带开展教学活动。因此,大学英语课程内容是教学活动能否开展的必要条件。

(四)以建构意义作为本质的活动

大学英语教学活动的目的在于促进学生的全面发展,实际上这一目的实现的过程就是学生不断建构知识意义的过程,即学生对原有知识与经验进行重组,对新知识的意义加以建构的过程。在实际的学习中,学生只有将新旧知识的意义结合起来,才能真正地学好知识、掌握知识。

第二节 大学英语教学的理论依据

一、语言本质理论

(一)语言结构与实际话语

美国描写主义语言学和结构主义语言学的代表人物,有博厄斯(F.Boas)及其学生萨丕尔(E.Sapir)。他们对美洲印第安人百来种土著语言的描写,开创了描写语言学和结构语言学的先河。布龙菲尔德(L.Bloomfield)的《语言学》的出版,标志着结构主义语言学的诞生,并在20世纪30年代初至50年代末,成为世界上占统治地位的语言学流派。布龙菲尔德完全赞同索绪尔把语言区分为语言和言语两个方面的观点,并根据这一观点,把语言区分成语言结构和实际话语两个因素。

(1)语言结构。语言结构的特征对社团全体说话者来说都是一样的,是语音、语法范畴和词汇等组成的一个严格系统。语言系统,是一个语音、词汇、语法习惯的稳定结构,是一个语言社团可能说出的话的总和。

(2)实际话语。实际话语(即言语)的特征是语言系统未固定的方面,各方面各不相同,而且在系统的特征上都是因时因地和因具体情境无限变化的。实际上布龙菲尔德描述习惯的、稳定的和严格的语言结构系统与实际话语的区别特点,与索绪尔的语言与言语的内涵完全一致。

(二)语言与言语行为

奥斯汀(Austin)的言语行为理论首次将语言研究从传统的句法研究层面分离开来。奥斯汀从语言实际情况出发,分析语言的真正意义。言语行为理论主要是为了回答语言是如何用之于"行",而不是用之于"指"的问题,体现了"言则行"的语言观。奥斯汀首先对两类话语进行了区分:表述句(言有所述)和施为句(言有所为)。在之后的研究中,奥斯汀发现两种分类有些不成熟,还不够完善,并且缺乏可以区别两类话语的语言特征。于是,奥斯汀提出了"言语行为三分说",即一个人在说话时,在很多情况下,会同时实施三种行为:以言指事行为、以言行事行为和以言成事行为。

1. 表述句和施为句

(1)表述句。以言指事,判断句子是真还是假,这是表述句的目的。通常,表述句是用于陈述、报道或者描述某个事件或者事物的。

换句话说,不论它们所表达的意思是真还是假,它们所表达的命题均存在。但是,在特定语境中,表述句可能被认为是"隐性施为句"。

(2)施为句。以言行事是施为句的目的。判断句子的真假并不是施为句表达的重点。施为句可以分为显性施为句和隐性施为句。其中,显性施为句指含有施为动词的语句,而隐性施为句则指不含有施为动词的语句。

总结来说,施为句主要有如下几个特点。

第一,主语是发话者。

第二,谓语用一般现在时第一人称单数。

第三,说话过程包含非言语行为的实施。

第四,句子为肯定句式。

隐性施为句的上述特征并不明显,但能通过添加显性特征内容进行验证。例如:

学院成立庆典现在正式开始!

通过添加显性施为动词,可以转换成显性施为句:

(我)(宣布)学院成立庆典现在正式开始!

通常,显性施为句与隐性施为句所实施的行为与效果是相同的。

2. 言语行为三分法

奥斯汀对于表述句与施为句区分的不严格以及其个人兴趣的扩展,很难坚持"施事话语"和"表述话语"之间的严格区分,于是提出了言语行为的三分说:以言指事行为;以言行事行为和以言成事行为。指"话语"这一行为本身即以言指事行为;指"话语"时实际实施的行为即以言行事行为;指"话语"所产生的后果或者取得的效果即以言成事行为。换句话说,发话者通过言语的表达,流露出真实的交际意图,一旦其真实意图被领会,就可能带来某种变化或者效果、影响等。

言语行为的特点是发话者通过说某句话或多句话，执行某个或多个行为，如陈述、道歉、命令、建议、提问和祝贺等行为。并且，这些行为的实现还可能给听者带来一些后果。因此，奥斯汀指出，发话者在说任何一句话的同时应完成三种行为：以言指事行为、以言行事行为和以言成事行为。例如：

我保证星期六带你去博物馆。

发话者发出"我保证星期六带你去博物馆"这一语音行为本身就是以言指事行为。以言指事本身并不构成言语交际，而是在实施以言指事行为的同时，包含了以言行事行为，即许下了一个诺言"保证"，甚至是以言成事行为，因为听话者相信发话者会兑现诺言，促使话语交际活动的成功。

在奥斯汀之前的实证哲学家都认为，句子只能用于对某种情况、某种事实加以描述与陈述，因此认为其只适用于正确或错误的价值，但是言语行为理论明确指出话语在现实中有着行事的能力，其不仅强调发话者的主体作用，也强调听话者的反应，因此其在英语教学中有着重要的意义。

对于教师来说，言语行为理论的核心在于以言行事或以言成事，即强调语言需要在具体的实践中得以应用才更有意义，语言研究也应该侧重于具体的运用，而不仅仅是对词汇、语法等的研究。这一理论对于大学英语教学而言是非常重要的，也给予了教师一定的启示，即在大学英语教学中，可以将言语行为理论融入其中，转变教师的角色，使他们从主导者转向参与者与组织者，让学生能够积极地参与到学习之中。同时，言语行为理论也要求教师在讲课中应该保证体裁与题材的广泛性，内容要与时代要求相符，并融入跨文化交际的知识与内容，这样才能让学生在语言知识与文化知识上得到全方面的进步与发展。

对于学生来说，言语行为理论对于他们的二语学习非常重要，因为英语这门语言实践性很强，而大学英语教学主要是为了培养他们的能力，也是立足实践的，因此英语这门语言可能与他们的需求不谋而合。以言语行为理论作为指导,学生可以积极地参与到实践中,在实践中不断提升自身的语言能力与文化能力,调动自身学习语言的积极性与主动性。

(二)语言与会话分析

要想了解会话含义,首先需要弄清楚什么是含义。从狭义角度上说,有人认为含义就是"会话含义";但是从广义角度上说,含义是各种隐含意义的总称。含义分为规约含义与会话含义。格赖斯认为,规约含义是对话语含义与某一特定结构间关系进行的强调,其往往基于话语的推导特性产生。

会话含义主要包含一般会话含义与特殊会话含义两类。前者指发话者在对合作原则某项准则遵守的基础上,其话语中所隐含的某一意义。

特殊会话含义指在交际过程中,交际一方明显或者有意对合作原则中的某项原则进行违背,从而让对方自己推导出具体的含义。因此,这就要求对方有一定的语用基础。

提到会话含义,就必然提到合作原则,其是会话含义的最好的解释。合作原则包括下面四条准则。

(1)量准则,指在交际中,发话者所提供的信息应该与交际所需相符,不多不少。

(2)质准则,指保证话语的真实性。

(3)关系准则,指发话者所提供的的信息必须与交际内容相关。

(4)方式准则,指发话者所讲的话要清楚明白。

二、语言学习理论

(一)行为主义学习理论

行为主义学习理论源自著名生理学家巴甫洛夫(Pavlov)的"条件反射"这一概念。受巴甫洛夫的影响,很多学者开始研究行为主义理论,如著名的学者华生(Watson)与斯金纳。

美国著名的心理学家华生创立了行为主义学习理论。20世纪初期,他提出了采用客观手段对那些可以直接观察到的行为进行研究与分析。在他看来,人与动物是一样的,任何复杂的行为都会受到外界因素的制约与影响,并往往需要通过学习才能将某一行为获得,当然在这之中,一个共同的因素——刺激与反应是必然存在的。基于此,华生提出了著名的"刺激—反应"理论,这一著名的行为主义心理学公式可以表示如下。

S—R,即 Stimulus—Response

美国学者斯金纳在华生行为主义学习理论的基础上进行了深入的研究与探讨。在斯金纳看来,人们的言语及言语中的内容往往会受到某些刺激,这些刺激可能来自内部的刺激,也可能来自外部的刺激。通过重复不断的刺激,会使得效果更为强化,使得人们学会合理利用语言相对应的形式。在这之中,"重复"是不可忽视的。

行为主义学习理论在实际教育中的应用普遍可见。例如,在课堂教学中,对于认真听讲的学生,教师会不吝表扬,这部分学生受到激励后会保持认真听讲的态度与行为,而不认真听讲的学生为了可以受到表扬,也会转变学习态度,认真听讲。事实上,让上课不认真的学生变得认真是教师表扬上课认真听讲的学生的主要目的。

下面简要归纳行为主义学习理论的基本观点。

(1)学习是刺激与反应的连接。

(2)学生的学习过程是尝试错误的渐进过程。错误在学习中难免会出现,对此要正确看待。

(3)表扬、批评等强化手段是影响学习的重要因素。

对于英语教学而言,行为主义学习理论有着重要的指导意义。具体而言,主要体现为如下几点。

(1)即时反应,即位于刺激后的反应,二者有着较长的间隔,反应会逐渐淡化。

（2）重视重复，即通过重复，能够加深学生对知识的记忆程度，从而使行为发生得更为持久。

（3）注意反馈，即教师应该让学生明确反应是正确的反应还是错误的反应，然后给出具体的反馈。

（4）逐步减少提示，即减少学生的学习条件，然后期待学生朝向理想的程度发展。

总之，行为主义学习理论促进了视听教学、程序教学及早期CAI的发展。但是，行为主义学习理论也存在着一些缺点：它是对人类学习的内在心理机制的完全否定，将动物实验的结果直接生搬硬套地推到人类学习上，忽视了人类能够发生主观能动作用，其实是走向了环境决定论和机械主义的错误方向。

（二）认知主义学习理论

认知主义学习理论认为学习个体本身会对环境产生这样或那样的作用，大脑的活动过程能够向具体的信息加工过程转化。布鲁纳、苛勒、加涅和奥苏贝尔等是认知主义学习理论的主要代表人物。

人要在社会上生存，必然要与周围环境互相交换信息，作为认知主体的人也会与同类发生信息交换的关系。人是信息的寻求者、形成者和传递者，从一定意义上来讲，人的认识过程也就是信息加工的过程。

认知学习理论的基本观点为，在外界刺激和人内部心理过程的相互作用下才形成了人的认识，而不是说只通过外界刺激就能形成人的认识。依据这个理论观点，可以这样解释学习过程，即学生从自己的兴趣、需要出发，将所学知识与已有经验利用起来对外界刺激提供的信息进行主动加工的过程。

从认知学习理论的基本观点来看，教师不能简单地将知识灌输给学生，而要将学生的学习动机激发出来，对学生的学习兴趣进行培养，使学生能够将已有的认知结构和所要学的内容联系起来。学生的学习不再是被动消极的，而是主动选择与加工外界刺激提供的信息。

认知主义学习理论认为,影响学生学习的因素中,学生自身已有的认知结构具有非常重大的影响,在教学中应将教学内容结构直观地展示给学生,让学生对各单元教学内容之间的相互关系有深入的了解。

(三)建构主义学习理论

建构主义学习理论认为个体与外部环境的交互作用使得知识得以产生,人们会从自己的已有经验出发来理解客观事物,每个人对知识都有自己的理解和判断。维果斯基、皮亚杰等是建构主义学习理论的主要代表人物。

建构主义学习理论认为,学生是在一定情境下,通过自己的主观参与,同时借助他人的帮助,通过意义建构的方式获得知识,而不是通过教师传授得到知识的。

建构主义教学理论要求教师在学生主动建构意义、获取知识的过程中起到帮助和促进的作用,而不是给学生简单灌输和传授知识。因此,在教学过程中,教师首先要转变教育思想,改革教学模式。学生是在一定的学习环境下获取知识的,学生在获取知识的过程中需要主观努力,也需要他人帮助,而且也离不开相互协作的活动。建构主义学习理论要求有利于学生获取知识的学习环境应具备情境创设、协作、会话、意义建构等基本属性或要素。下面具体分析这四个基本要素。

学习环境中必须要有对学生意义建构有利的情境。在建构主义学习环境下,教师要基于对教学目标的分析与对学生建构意义的情境创设问题的考虑而设计教学过程,并在教学设计中把握好情境创设这个关键环节。

在学生的整个学习过程中都离不开协作,如学生收集与分析学习资料、提出和验证假设、评价学习成果及最终建构意义等都需要不同形式的协作。

在协作过程中,会话这个环节是不可或缺的。学习小组要完成学习任务,必须先通过会话来商讨学习的策略。学习小组成员之间协作学习的过程也是相互不断会话的过程,在这个过程中,学生的学习资源包括智慧资源都是共享的。

学习过程的最终目标就是意义建构。建构的意义指的是事物的本质、原理以及事物与事物之间的内在联系。帮助学生在学习中建构意义,就是帮助学生深刻理解学习内容反映的事物的本质、原理及其与其他事物之间的内在联系。

(四)二语习得理论

除了对第一语言习得的关注,心理语言学对第二语言习得也非常注重。所谓第二语言习得,即人们的第二语言的形成与发展的过程,其与第二语言学习有所不同,各有侧重。

作为一门独立的学科,二语习得理论真正形成于20世纪70年代。该理论的主要代表人物是美国南加州大学语言学系的教授克拉申(S.Krashen)。克拉申是在总结自己和他人经验的基础上提出这一理论的。

二语习得理论主要对二语习得的过程与本质进行研究,描述学生如何对第二语言进行获取与解释。对于这一理论的研究,学者克拉申做出了巨大贡献,并提出五大假设。

1. 习得—学得假说

所谓习得,指学生不自觉地、无意识地对语言进行学习的过程。所谓学得,即学生自觉地、有意识地对语言进行学习的过程。

2. 自然顺序假说

克拉申提出的这一假说主要强调语言结构的习得是需要一定的顺序,即根据特定的顺序来习得语法规则与结构。当然,这也在第二语言习得中适用。

在英语作为第二语言习得过程中,人们对进行时的掌握是最早的,对过去时的掌握是比较晚的;对名词复数的掌握是比较早的,对名词所有格的掌握是比较晚的。

3. 监控假说

克拉申的监控假说区分了习得与学得的作用。前者主要用于输出语言,对自己的语感加以培养,在交际中能够有效运用语言;后者主要用于对语言进行监控,从而检测出是否运用了恰当的语言。

同时,克拉申认为学得的监控是有限的,受一些条件的影响和制约,具体归纳为如下三点。

(1)需要时间的充裕。

(2)需要关注语言形式,而不是语言意义。

(3)需要了解和把握语言规则。

在这些条件的制约下,克拉申将对学生的监控情况划分为三种。

(1)监控不足的学生。

(2)监控适中的学生。

(3)监控过度的学生。

4. 输入假说

克拉申的输入假设和斯温纳(Swain)的输出假设是从两个不同的侧面来讨论语言习得的观点,都有其合理成分,都对外语教学有一定的启示。输入假说的内容主要有以下几点。

(1)与习得有着紧密关系而非学得。

(2)掌握现有的语言规则是前提条件。

(3)i+1模式会自动融入理解中。

5. 情感过滤假说

"情感过滤"是一种内在的处理系统,它在潜意识上以心理学家们称之为"情感"的因素阻止学习者对语言的吸收,它是阻止学习者完全消化其在学习中所获得的综合输入内容的一种心理障碍。

克拉申的情感过滤假说是指在第二语言习得中,将情感纳入进去。也就是说,自尊心、动机等情感因素会对第二语言习得产生重要影响。

克拉申把他的二语习得理论主要归纳为两条:习得比学习更重要;为了习得第二语言,两个条件是必须的:可理解的输入（i+1）和较低的情感过滤。

三、需求分析理论

需求分析理论对英语学习策略具有重要的指导意义。学习策略的选择只有以需求分析为基础,才能提高其有效性。因此,下面就对需求分析理论进行概述,主要内容涉及需求分析的内涵、对象、内容、过程及启示五个层面。

（一）需求分析理论概述

需求分析有广义与狭义之分。广义的需求分析是指学习者除了自身的学习需求外,还需要考虑单位、组织者、社会等其他方面的需求。狭义的需求分析则仅涉及学习者个人自身的学习需求。

学者陈冰冰认为,"需求分析是通过访谈、内省、观察、问卷等方式对学习者的学习需求进行的调研,这种方法已经广泛应用于教育、经贸、服务、制造等行业中。"

在语言教育领域中,最早出现的需求分析是针对专门用途英语展开的。在专门用途英语的学习中,学习者的学习需求主要表现在为了达到某些目标所需求的语言知识、语言技能而展开学习。后来,随着高校英语教学的深入发展,"需求"的应用范围越来越广泛,涉及语言、教材、情感等方面的人的需求、愿望、动机等。

（二）需求分析的对象

需求分析的对象包括以下四个方面。

（1）学习者。这主要包括学生以及其他有学习需求的学习者。

（2）观察者。这方面主要包括教师、教学管理人员、助教、语言项目的相关领导等。

（3）需求分析专家。这主要是指专业人员或者具有丰富经验的大纲设计教师等。

（4）资源组。这方面指的是能够提供学习者信息的人，如家长、监护者、经济赞助人等。

（三）需求分析的内容

一直以来，众多学者对需求分析展开了研究，不同学者对这方面的研究存在不同视角，自然所得出的成果也存在差异。同样，对于需求分析的内容，不同学者也提出了不同的看法。

1. 哈钦森和沃特斯的观点

学者哈钦森和沃特斯（Hutchinson & Waters, 1987）认为，需求分析包括目标需求、学习需求两个方面。其中，目标需求指的是学习者在目标情景中所能掌握的可以顺利使用的知识、技能。另外，这两位学者又进一步将目标需求分为必备需求、所缺需求、所想需求。学习需求指的是学生为了掌握所需要掌握的知识内容所进行的一切准备活动。

2. 布朗的观点

学者布朗（Brown, 2001）认为，学习需求在内容上可以分为以下三大类，他认为这种分类方式可以有效缩小需求分析的调查范围。

（1）形式需求与语言需求。

（2）语言内容的需求和学习过程的需求。

（3）主观需求和客观需求。

3. 伯顿和梅里尔的观点

伯顿（J.K.Burton）和梅里尔（Merrill）认为需求分析涉及如

下六大层面。

（1）预期需求，即将来的需求。

（2）表达需求，即个体将感到的需求进行表达的需求。一般来说，这可以采用多种形式，可以是座谈，可以是面谈，还可以是观察等，便于对方提取信息，从而对表达需求予以确定。

（3）标准需求，即学习者个体与群体的现状与既定目标间存在的某些差距。

（4）感到的需求，即个体感受到的需求。

（5）相比需求，即通过对比找到个体与其他个体的差距，或者同类群体之间的差距。

（6）批判性实践的需求，即一般不会轻易发生，如果发生那么必然会导致某些严重的后果的一种需求。

4. 布林德利的观点

布林德利（Brindley,1989）认为需求主要包含如下两大层面。

（1）主观需求，即学习者学习语言的情感、对语言学习的认知层面的需求，包含对语言学习的态度、是否持有自信心等。

（2）客观需求，即学习者性别、年龄、背景、婚姻状况、当前的语言水平、当前从事的职业等各方面的信息。

（四）需求分析的过程

1. 制订计划

需求分析的第一步就是制订计划，这一步骤非常关键。首先，制订计划要对需求分析的时间加以确定，具体来说包含三个阶段：课前阶段、课初阶段、课中阶段。然后对需求分析的对象进行确定，其涉及教师、学生、文献等。最后对研究方法加以涉及，并确定采用何种技术进行数据的收集。当然，在其中应该确定需求分析由哪些人进行参与。

2. 收集数据

在进行需求分析的过程中,可以运用工具和程序,对数据与资料进行收集。一般来说,数据收集的方式可以是观察得到的,也可以是案例分析得到的,还可以是访谈或者调查得到的,除此之外还可以是测试、观摩等。在实际的操作中,我们可以具体问题具体分析,从不同的因素加以考量,这样才能保证调查结果更为准确、科学。

3. 分析数据

分析数据就是对数据展开排列和优化,从而形成结论。在分析的过程中,应该采用合理的数据分析方法,并且与自身的研究目的相一致。

分析方法存在差异,那么研究方法也存在差异,这时候可以从整体上对学生的需求加以满足,如在测试结果分析中,对及格人数的百分比进行分析,并研究单向技能通过率的平均值;在问卷结果分析中,对各个选项的人数与百分比进行计算。

4. 写分析报告

需求分析的最后一个环节就是写分析报告,在这一阶段,可以总结需求分析的对象、过程以及学习的目标,基于数据分析的结果,用简要的图表或者文字将结果表达出来,并提出合理的建议。

在需求分析时,一些问题需要注意,具体来说主要有如下几个问题。

(1)特定环境下如何定义需求。

(2)在现实问题中需求的实质。

(3)需求的程度及其严重性。

(4)需求的原因以及具体动机。

(5)需求的预报。

(6)需求问题的数据分析。

(7)需求的范畴、种类等,以及需求分析的复杂性。

（8）需求所包含的成分。

（9）需求重点考虑哪些问题。

（10）关注需求引起的后果。

（11）未关注需求引起的后果。

总之,需求分析的过程需要遵循有效性、可靠性、可用性的原则。需求分析的反馈结果可以为今后学生的学习和课程的设置提供一定的指导和理论依据。

（五）需求分析理论对英语教学的启示

需求分析理论对英语教学的启示主要体现在以下两个方面。

1. 突出英语重难点

大学英语教学往往是在教学目标的指导下展开的,所以需要明确教学的重点与难点,如此才能有针对性地展开教学。可见,教学重难点是为整体教学目标提供服务的。

需求分析有助于确定教学中的重难点问题。通过实践,国内大学生对于听力学习、阅读学习以及口语学习都存在困难,因此在对教学目标进行规划时,可以将其视作重难点。而目标的多样性决定了重难点也是多种多样的。

当我们把英语教学目标从认知向非认知扩展的时候,也需要重点和难点的相应扩展;当我们把教学重心从认知向非认知转移的时候,也需要重点和难点的转移。

2. 提升教学设计的效果

通过需求分析,可以对教学设计的必要性与可能性进行充分的论证,旨在使教师与学生可以集中精力,对教与学中的重难点问题加以解决,从而不断提升教与学的质量和效率。

具体来说,通过需求分析,教师可以对"差距"资料进行准确的把握,基于此来设计教学目标,同时需求分析可以作为教学目标、教学策略等设定的依据。

因此,需求分析对于大学英语教学而言是十分重要的,甚至决定着大学英语教学的成败,需要教育者加以关注。

四、信息化教学理论

既然涉及教育,那么必然涉及教与学这两大要素,而随着研究的深入,一些学者形成了很多关于教与学的理论,这对于教育信息化而言是非常重要的理论支撑。

（一）视听教育理论

1.视听教育理论的核心——"经验之塔"

在教育中,教师会运用到各种视听教学媒体,这些教学媒体发挥着非常重要的作用,视听教育理论也指出了这一点。视听教育理论是现代教育技术应用的基础理论之一,也是教育技术应用需要遵循的一个基本规律。

关于视听教育理论的研究,美国教育家戴尔于1946年撰写了《教学中的视听方法》,在当时产生了巨大的影响,其中视听教育理论的核心——"经验之塔"理论出自本书。"经验之塔"理论将人们获得的经验划分为三种类型:做的经验、观察的经验和抽象的经验,并将经验获取方法分成若干层次。

（1）做的经验。做的经验主要源自三个层面:直接有目的的经验、设计的经验、游戏的经验。

其一,直接有目的的经验。在"经验之塔"模型中,位于最底部的是直接有目的的经验,指的是从日常生活的具体事物中获得的知识,这类经验最具体也最丰富,从日常生活中总结而来,学生获得直接经验是形成概念和进行抽象思维的基础。

其二,设计的经验。通过间接材料（如学习模型、学习标本等）获得的经验就是设计的经验。由人工设计、仿制的学习模型与标本及实物是有差异的,如大小差异、结构差异、复杂度差异等,尽管如此,学生利用这些材料可以更好地理解实际事物。

其三,游戏的经验。通过演戏、表演等获得的经验更接近现实。学生要获得关于社会观念、意识形态、历史事件等事物的经验,通过直接实践是行不通的,因此要根据这些事物的特点来设计相应的戏剧活动,让学生在活动中通过角色扮演获得逼真的经验。

上述这三种经验的共同特征是都通过学生的亲自实践而获得,比较具体、丰富。

(2)观察的经验。观察的经验主要源自如下几个层面。

其一,观摩示范。学生先模仿别人,再亲自尝试,以获得直接经验。

其二,广播、录音、照片与幻灯。学生听录音、广播,看幻灯与照片,可获取相关信息,形成视听经验。这些经验来源的真实性不及电视、电影,比较抽象,但和完全抽象的经验相比,还是具有直接性的。

其三,参观展览。学生通过观察展览活动中陈列的实物、图表、模型、照片等事物而获取经验。学生在参观展览中看到的事物缺乏真实性,也不具有普遍意义。

其四,电视与电影。学生观看电视与电影获得的经验是间接的。利用电视、电影艺术可以将教学中的难点内容形象地表现出来,表现手法有编辑、动画、特技等,采用这些丰富的手法可以生动形象地呈现教学内容,使学生理解起来更方便。电视和电影相比,具有直接功能,学生观看电视获得的经验比观看电影获得的经验相对来说更直接一些。

其五,见习旅行。学生在参观访问、考察等活动中对真实事物进行观察与学习,从而增长见识,获得丰富的经验。

在学生的学习过程中,抽象思维伴随着其整个过程,只是在程度上存在某些差异。随着信息技术的推广与发展,应在这层经验和电视电影之间增加"计算机互联网"这个新的层次经验。

以上经验的共同点是都通过学生的"观察"而获得,它们在"经验之塔"中的分布越高,就越抽象。

(3)抽象的经验。抽象的经验主要源自言语符号与视觉符号两大类。

其一,言语符号。在"经验之塔"模型中位于最顶端的言语符号的抽象程度是整个模型材料中最高的。言语符号是事物与观念的抽象表示方法,包括口头语、书面语等。言语符号几乎不能单独发挥作用,而要和模型中的其他材料结合起来发挥作用。

其二,视觉符号。学生在示意图、图表等事物中获得的经验都是视觉符号经验。如水的流动方向用箭头代表,铁路用线条代表,等等。这些符号是真实事物的抽象表示形式,学生在这些视觉符号中无法看到真实事物的形态。和语言文字相比,视觉符号更直观一些,学生要对视觉符号所代表的事物有正确的理解,这样才能学到知识,获得有价值的经验。

2."经验之塔"理论的要点分析

"经验之塔"理论的基本要点如下。

(1)"经验之塔"模型中最底层的经验是最直接和最具体的学习经验,学生容易掌握,层次越高,经验的抽象程度和间接程度就越强。最抽象的是顶层经验,这一层次的经验便于形成概念,应用起来较为便捷。学生并不是一定要经历从底层到顶层的这个过程才能获得经验;也没有说哪个层次的经验比其他层次的经验更有价值,对经验进行层次划分,只是为了对不同经验的抽象程度有一定的认识。

(2)观察经验在"经验之塔"中处于中段位置,和抽象经验相比,这类经验相对更形象、具体,更容易被学生理解,有利于对学生的观察能力进行培养,并使其直接经验得到弥补。

(3)获得具体经验并不是学习的目的,要在获得具体经验后过渡到抽象经验,以形成概念,便于应用。在推理中需要用到概念,思维与求知都要以概念为基础,这有利于对实践进行有效的指导。在教育中不能过分重视直接经验和过分追求具体化的教学,而要尽可能使学生达到普遍化的充分理解。

(4)在学校教学中,为了使教学更直观、具体,应充分运用丰富的教学媒体手段,这也是使学生获得更好的抽象经验的重要手段。

总之,"经验之塔"理论模型对学习经验进行分类,说明各种经验的抽象程度,这与人们的认知规律相符,即从具体到抽象、从感性到理性、从个别到一般。

3. 视听教育理论的优劣

视听教育理论的核心是"经验之塔",其对现代教育技术起到以下几方面的作用。

(1)"经验之塔"理论划分出具体学习经验和抽象学习经验两种类型,提出学生的学习规律是从直观到抽象,这与人类的基本认识规律相符,为教学中对视听教材的应用提供了重要的理论依据。

(2)为划分视听教材的类型提供了重要的理论依据,即划分视听教材时,应参考的一个主要依据就是各教材所对应的学习经验的抽象程度,对视听教材的合理分类能够为划分教学媒体的类型和优化选择教学媒体奠定基础。

(3)有机结合视听教材与课程,这也是现代教育技术研究与应用的思想基础。

除了上述这些贡献,视听教育理论也具有以下局限性。

(1)只对视听教材本身的作用进行强调,而对设计、开发、制作及管理等一系列环节不够重视。

(2)视听教育理论对媒体在教学中地位与作用的认识不到位,认为视听教材只是教学的辅助手段,这会导致教育改革的不彻底和视听教育的作用得不到充分发挥。

(二)教育传播理论

在现代教育学中,用传播学理论对媒体与教学过程进行研究,从中对教学过程中媒体的作用机理进行探索,这是比较传统的一个研究手段,教育传播学就产生于这个研究中。下面主要对教育传播理论的模式、应用、传播过程的功能条件及教学传播中媒体的作用进行分析。

1. 传播理论及模式

传播源自拉丁文communicure,是共享、共用的意思。英语中的传播communication被译为沟通、交流、传递等。当前,传播一般被解释为传播者运用一定媒体与受传者之间进行信息传递和交流的社会活动。传播有自我传播、人际传播、大众传播和组织传播四种类型,这是按照传播涉及人员的范围及传播对象划分的结果。关于传播的理论与模式,下面主要列举几个具有代表性的。

(1)香农—韦弗模式

美国伟大的数学家香农曾喜欢研究一些电报通信问题,他在20世纪40年代提出了一个和通信过程有关的单向直线式数学模型。之后又与著名信息学者韦弗共同对这个模型进行了改进,将反馈系统加入该模型,于是便形成了香农—韦弗模型,如图2-1所示。该模型在技术应用方面发挥了重要作用。

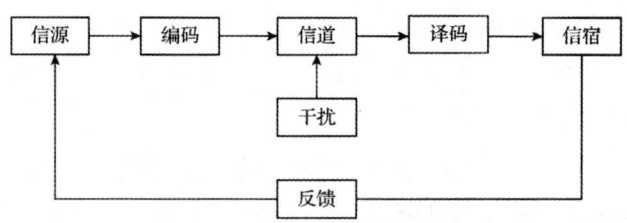

图2-1 香农—韦弗模式

(资料来源:李斌,2017)

(2)拉斯韦尔模式

美国学者拉斯韦尔指出,传播过程是由"谁""说什么""采取什么途径""对谁""产生什么效果"五个线性要素共同组成的一种线性结构,也就是"5W模型"。从传播学的角度来看,这五个因素分别对应的是信息源、信息本身、受传者、媒体以及期望的产出。它们之间的关系如图2-2所示。

第二章　大学英语教学的基本理论

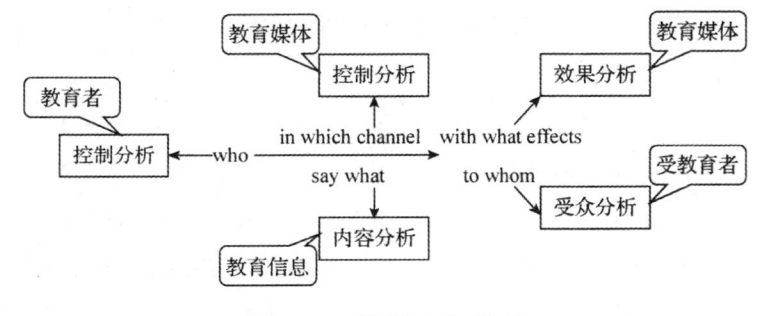

图 2-2　拉斯韦尔模式

（资料来源：李斌，2017）

2. 传播理论对教学过程的解释与说明

利用以上传播模式可以对教学过程进行解释与说明，这些模式为教育传播学研究奠定了重要的理论基础。

（1）指出教学过程的双向性。早期传播理论片面地认为传播过程是单向的，也就是受传者对信息内容被动接受的过程。这种理论对信息接受者作为独立个体所拥有的主动性和自主性没有正确的认识。施拉姆模式指出传播过程是双向的互动过程，传播主体不仅包括传播者，还包括受传者。之所以能够循环不断地进行传播，主要是反馈机制在起作用，这也说明了受传者的主体作用。按照施拉姆传播模式，教学过程中包含教师与学生共同的传播行为，教师传播教学信息，学生接受的同时做出反馈，因此要从教与学两方面出发来设计与安排教学过程，并将学生的反馈信息充分利用起来，及时调控教学过程。

（2）说明教学过程包含的要素。拉斯韦尔提出了"5W"直线性传播模式，用该模式可以解释一般传播过程。有人以此为基础构建了"7W"模式。该模式指出，传播过程包含七个要素，将该模式运用到教学中，也能说明完整的教学过程包含七要素，如表 2-1 所示。

表 2-1　教学过程的要素

Who	谁——教师
Says what	说什么——教学内容
In which channel	用什么方式——教学媒体
To whom	对谁说——教学对象
Where	在什么情况下——教学环境
With what effect	有何效果——教学效果
Why	为什么——教学目的

（资料来源：瞿堃、钟晓燕，2012）

需要注意的是，在教学过程研究、教学设计安排及教学问题解决中，这些要素都应纳入考虑范围。

（3）确定教学过程的基本阶段。传播是一个连续的不断变化的过程，具有明显的动态性。为便于研究，可将其划分为六个阶段，每个传播阶段都对应教学过程的一个环节，具体分析如下。

其一，确定教学信息。将所要传递的教学信息确定下来，这是教学传播的首要环节。教师要从教学目标出发来确定要传递的教学信息。通常，要传递的教学信息出自专家按照教学大纲精心编写的课程教材中。在这一阶段，教师要对课程教材认真钻研，细致分析各教学单元的内容，并进行适当分解，确定被分解后的内容所要达到的传递效果。

其二，选择传播媒体。这个阶段主要是进行信息编码，选择适当的媒体手段来呈现与传递信息，这个过程比较复杂，需要在科学原理的指导下循序渐进地完成。教师所选的传播媒体要满足以下要求：能将教学信息内容准确地呈现出来；方便获取，且传播效果较好；与学生的知识水平、经验相符，使学生接受和理解起来更快一些。

其三，传递信息。在这个阶段重点是将以下两个问题解决好：确定媒体信号传播的范围；合理安排信息内容的传递问题，利用媒体对教学信息进行有序传递，尽可能减少外界环境对媒体信号的干扰。

其四，接受和解释信息。在教学过程中，学生作为教学主体，不仅要接收教师利用教学媒体传递的教学信息，还要对此进行解释，做出反应。从传播学的角度来看，这个环节主要是进行信息译码。学生先用感官接收信号，然后从自身知识水平与经验出发将接收的信号解释为信息意义，并在大脑中加以储存。

其五，信息反馈与教学评价。学生接收并解释信息后，知识得到增长，智力得到发展，但还需要通过评价来判断预期教学目的是否实现。观察学生的行为变化、课堂提问、课后作业、阶段性测试等都是可采用的评价方式。

其六，调整再传递信息。对比信息传播效果与预期教学目标，发现教学的不足，及时调整传播内容、传播媒体，然后再传递，以达到预期教学目标。例如，对于课堂上出现的问题，要在课堂上迅速解决；对于学生课后作业中存在的问题，如果是个别问题，以个别辅导为主，如果是共性问题，需要在课堂上集中解决；对于远程教育中的问题，多提供有价值的资料，或创造条件提供面授辅导。

（4）揭示教学过程的规律。随着传播学与教育学的不断融合，现代教学与信息传播逐渐拥有了共同的规律，将传播学与教育学理论方法综合运用起来对教学过程与规律进行研究，可有效提高教学效果。

下面具体分析传播理论揭示的教学过程的规律。

其一，共识律。共识的含义有以下两点：教师对学生的知识水平和经验予以尊重，在共同经验范围内建立传播关系；教师以教学目标、教学内容的特点为依据对教学方法与媒体进行选择与运用，以便向学生传授知识和技能，使学生将已有经验和即将接受的教学内容信息建立连接，从而取得良好的传播效果。

共识是教师与学生在教学传播活动中顺利交流与沟通的前提与基础。学生的知识水平、已有经验及发展潜能是教师选择、组合及传递教学信息时必须参考的依据与考虑的要素。学生的知识与技能水平在不断变化，教学传播也是动态的变化过程，所以一般不存在绝对的"共识"状态,而是一个螺旋上升的反复变化的过程,即不共识——共识——不共识等在共识经验的创设中,教师必须依据学生的"最近发展区"来设定教学目标。

其二,选择律。选择教学内容、教学方法和教学媒体是教学传播过程中的主要工作环节,对这些教学要素的选择要与学生的身心特点、学习规律相符,要为教学目标而服务,争取以最小的代价最大化地实现教学目标。选择教学媒体在教育传播活动中最受关注。师生选择教学媒体一般与需要付出的代价成反比,与可能取得的教学成效成正比。所以,在教学媒体的选择中,要想方设法选择那些需要付出代价最少的教学媒体,花最小的代价取得最好的功效。

选择教学媒体的规律是,对于功效相同的教学媒体,优先选择需要付出代价少的,对于需要付出相同代价的教学媒体,优先选择能够取得良好功效的教学媒体。

其三,谐振律。谐振指的是传递信息的"信息源频率"接近接收信息的"固有频率",在信息传递中,二者产生共鸣。要维持教学传播活动,并提高传播效果,就必须具备谐振这个条件。师生双方能否达成谐振,与信息传播的速度快慢、容量大小有关,如果速度、容量不合理,就会导致传播过程受阻,传播活动无法继续。

教师传递信息的速率和容量要与学生认知的规律、接受能力相符,此外,还要在教学中营造宽松和谐的信息传递氛围,建立民主的师生关系,并注重对学生反馈的收集与对教学传播过程的调控,只有满足这些要求,信息传播的谐振现象才能顺利产生。不仅如此,教师还应有节奏地变换使用各种媒体方法与手段,才能使谐振现象长期维持下去。

其四,匹配律。匹配指的是在教学传播过程中,对教学对象、教学目标、教学内容、教学方法、教学媒体环境等因素进行深入剖析,使各要素按自己的特性有机和谐对应,从而维持教学传播活动的循环进行。

围绕预期教学目标而有机组合各教学要素,发挥各要素的优势与作用,从而增强教学系统的整体功能,这是实现匹配的主要目的。每个教学要素所具有的特性、功能与意义都是多元化的,要充分发挥各要素的功能,为教学目标的实现创造条件,使既定的目标能够顺利达成。如果在教学传播活动中,各要素游离松散,功能得不到发挥,则预期的目标就很难实现。

教学中采用的传播媒体直接影响教学活动的匹配效果。因此,在教学传播过程中,要对需要用到的各种传播媒体的特性、功能有全面的了解,这样才能合理组合这些传播媒体,取长补短,发挥各自的优势与功能作用,最大化地提高教学传播过程的效率与效果。

3. 教学传播过程的功能条件

教学系统的结构是在系统各要素相互组合和联系的基础上构成的。这种结构可能是功能较弱的静态结构。只有在信息传播中让系统各要素相互联系与作用,并产生连续循环的动态过程,系统的多重功能才能形成。教学传播过程就是在教学系统各要素相互作用的基础上产生的循环动态过程。

教学系统内部信息传递是实现教学系统多重功能的基本条件,而要维持教学传播过程,需要教学系统各要素具备一定的条件或满足一定的要求,并在此基础上实现自己的功能。具体分析如下。

(1)教师层面。作为教学系统中起主导作用的重要组成部分,教师应达到较高标准的要求,如精通专业、熟悉教材、了解学生、教学态度端正、传播技能良好等。此外,教师在教学中必须对教学系统的其他要素及相互关系有深入的了解,如教学对象、内容、方法、媒体、环境等。

教师自身功能的实现需要具备以下几个条件:教师在所教学科领域的知识水平要高于学生,教师通过不断的学习来提高自己的知识水平;教师要有良好的教学技能,如语言表达技能、教学媒体运用技能等;教师对教学活动要有良好的调控能力,包括调节自身状态和师生关系等。

（2）学生层面。学生完成学习任务，各方面素质协调发展是教学系统功能实现的首要标志。学生实现其功能要具备以下几个条件：明确的学习目的；一定的学习能力；良好的自控能力。

（3）教学内容层面。具体来说，要做到随着社会的发展与时代的进步而不断更新教学内容；在教学内容体系中纳入具有潜在发展意义的前沿知识，注重理论与实践的有机结合；按照学科逻辑、学生认知规律来编排教学内容，如从已知到未知、从整体到部分；教材内容纵横联系、融会贯通，便于学生接受，又能启发学生探索。

（4）教学方法层面。根据教学规律、教学目的任务、教学内容特点、教学环境、学生的适应性及教师的教学能力选用教学方法；对各种有效的教学方法进行适当的优化组合，达到优势互补、相得益彰的效应。

（5）教学媒体层面。根据教学目标任务、学生特点、学校教学条件合理选用教学媒体；了解各类教学媒体的优缺点，综合使用教学媒体，达到相得益彰的效应；教学媒体功能的发挥受其自身特点及一些实践因素的影响，如媒体操作的复杂程度、媒体资源软硬件添置的可能性、媒体资源配合使用的灵活性等。在教学媒体选用中要综合考虑这些影响因素，将不良影响降到最低。

教学系统中每个要素的功能都直接影响教学系统的运行，只有充分发挥教学系统各个要素的功能，才能保证教学系统的正常运行。此外，教学系统中各要素之间的相互关系与作用情况直接决定了教学传播效果，因此要按照信息传播的规律与法则来传播教学信息，以最大化地提高教学传播效果。

第三节　大学英语教学的基本原则

一、可行性原则

英语教学中的教学设计是为课堂教学所做的系统规划,要真正成为现实,必须具备两个可行性条件:一是符合主客观条件,二是具有可操作性。

符合主客观条件是教师实施教学设计的重要条件,主观条件是指教师应考虑学生的年龄特点、已有知识基础及生活经验;教师只有遵循学生的认知规律,尊重学生身心发展的特点,立足学生的生活经验和学习基础,在综合分析的基础上进行教学设计,才能增加设计的针对性,更具有实效性。如果教学设计背离了学生的年龄特点,超出了学生的认知能力范围和脱离了生活实际,是不可行的。

客观条件是指教师进行教学设计需要考虑教学设备、地区差异等因素。教师首先要了解学校所处的地域环境和教学条件、学生的学习能力等客观因素,了解学校能够提供什么样的教学设施。教学的环境和条件、学生的学习能力是教师进行教学设计的重要参考。如果教师不考虑教学的客观条件,只凭自己的主观设计,不考虑地域学生的差异,把目标拔得太高,教学设计也是无法落实的。

具有可操作性是教学设计应用价值的基本体现。教学设计的出发点是为指导教学实践准备,应能指导具体的教学实践,而不是理想化地设计作品。教师的教学设计要在教学实践中检验,去验证设计的理念是否正确,方法是否恰当,学习效果是否满意,这样才能体现教学设计指导教学的作用。

二、趣味性原则

英语教学的目标是要培养学生综合运用语言的能力和学习英语的兴趣。英语教学不仅要符合学生的知识、认知和心理发展水平,还要充分考虑学生的兴趣、爱好、愿望等学习需求,紧密联系学生的实际生活,设计生动活泼、形式多样、趣味性强的学习活动,创设愉快的语言运用情境,引导学生积极参与,提高学生的学习兴趣,加强其学习动机。例如,根据不同学段学生的年龄特征,设计不同的任务型教学,创设不同的情境,采用不同形式的教学媒体,使课堂教学生动活泼。

三、互动性原则

根据生态的基本观点,任何事物都处于一定的关系中,学校是教育生态系统的子系统,在学校这个子系统中,教师与学生作为其中的两个因子相互作用与交往。教师与学生之间是一种以学生最终的发展为目的而联系在一起的共生关系。教学过程中信息的传递是相互的、双向的。如果教师与学生之间的互动保持相对平衡性、有序性,他们才能有效发挥各自的作用,进而实现和谐统一的发展。如果教师和学生之间的互动被打破,那么教育要素之间的平衡也会被打破,这不仅会损害师生自身的发展,也会损害整个学校甚至整个教育生态的发展。师生之间的交流与沟通是一种连续不中断的过程,在不断地动态变化发展中寻找平衡点。教师不断提高自身的教学水平与理论水平,从而应用到实践教学中,促进学生的可持续发展。学生获得的成绩也体现了教师的价值,并且是对教师的一个鼓励。因此,在大学英语教学中,师生之间是一种相互依存、共同发展的关系。

四、系统性原则

英语教学的设计是一项系统工程,系统中的各要素相当于子系统,既相对独立,又相互依存、相互制约,组成一个有机的整体。教学设计各子系统的排列具有程序性的特点,即各子系统有序地成等级结构排列,而且前一子系统制约、影响着后一子系统,而后一子系统依存并制约着前一子系统。一个规范的教学一般由教材分析、学情分析开始,根据分析结果,确定教学目标。

从形式上看,教材分析、学情分析和教学目标是相对独立的,但又是相互依存的。学情分析制约着教学目标,教学目标的制定建立在学情分析的基础上,彼此之间存在着内在的逻辑关系,它们之间的逻辑性是保证前后各要素相互衔接的前提。在这种逻辑的基础上,一旦教学目标明确了,教学重点、教学难点就能够确定了。

重点、难点是教师选择教学方法的重要指标和依据,它在一定程度上决定了教师选择什么样的方法突出重点、突破难点,以实现教学目标。所以,教学设计的程序是无法随意改变的,教学设计中教师应遵循其程序的规定性及联系性,确保教学设计的系统性和科学性。

五、情境性原则

课堂教学环境对于教学活动的顺利展开有着很大的影响。大学生的注意力集中水平有限,大学英语教师更应该注意课堂教学环境的建设。一般来说,课堂教学环境分为人文环境、语言环境和自然环境。

(1)人文环境。人文环境主要通过师生之间的情感交流与互动氛围体现出来,它是一种隐形的环境。大学生缺乏人际交往经验,所以大学英语教师应该在营造人文环境方面起主导作用。教师要通过倡导师生之间的平等交流以及歌曲、游戏、表演等方式,来营造一种自由、开放的人文环境,打开学生的心灵,促进学生的英语学习。

(2)语言环境。根据认知发展心理学,大学生需要借助具体事物来辅助思维,不容易在纯粹语言叙述的情况下进行推理,他们只能对当时情境中的具体事物的性质与各个事物之间的关系进行思考,思维的对象仅限于现实所提供的范围,他们可以在具体事物的帮助下顺利解决某些问题。语言与认知的发展是相互促进的。个体语言能力是在个体与环境相互作用的过程中逐渐发展起来的。语言环境对于外语学习非常重要,而中国学生没有现成的语言环境,因此大学阶段的英语教学应该创设具体、直观的语言情境。为此,教师要充分利用与开发电视、录像、录音、幻灯等教学手段,设计真实的语言交流,使学生在运用语言的过程中学习与掌握语言。

(3)自然环境。课堂教学的自然环境主要指课堂中教学物品、工具的呈现方式。其一,要求让教师与学生之间进行更加亲近的交流,教师应该设置开放的桌椅摆放方式,应该摒弃那种教师高高在上、学生默默倾听的桌椅摆放方式。其二,要求教室的布置应该取材于真实的生活场景,这不仅拉近了学生对课堂教学的距离,也使得学生更容易理解英语,更有助于创造英语语言交流的环境。

六、开放性原则

大学英语教学的一个重要特征在于开放性,具体体现在两个层面。

(1)教学资源的开放性。大学英语教学资源不仅来自教材,还源于大学生的课外生活。当然,教学资源都是经过筛选的,选择的依据是师生之间的知识交流、情感传递。换句话说,教学主体在日常生活中进行生活体验,并不断总结经验教训,然后积极构建出相关的知识,真正实现课堂教学的知识在生活中的运用。

(2)教学主体的开放性。在大学英语教学中,教师与学生不断地重复信息传递与信息接收的过程,进行着持续的互动交流,教师与学生有着巨大的差异性,主要体现在生活阅历、知识水平、情感态度等层面。教师会无意识地将自己的知识水平、生活阅历、情感态度等带入实际教学活动中,同时学生根据自身发展特点有选择性地吸收。因此,伴随着课堂教学活动的是教师与学生之间的信息流动。

第三章 大数据驱动下的大学英语教学

大数据驱动下的大学英语教学是时代发展的要求与必然趋势,能够促进大学英语教学的改革,对于新兴的英语人才的培养有着十分重要的作用。但是,在大数据驱动下的大学英语教学中,还需要注意一些基本层面的问题。本章就从大学英语教学的信息化诉求、大数据为大学英语教学带来的巨大变革以及大数据驱动下大学英语教学的优势与属性几个层面展开分析。

第一节 大学英语教学的信息化诉求

一、大学英语教学信息化诉求简述

当前,世界社会形态日益显现出来,加之当今社会人们的地位是受信息资本决定的,这就要求人们不断努力获取生存的信息资本。英语作为一门国际性通用语言,是人们获取生存信息资本的一个重要手段与工具,同时对英语的掌握是人们的必要素质之一。因此,越来越多的人开始采用各种手段与方式学习英语,为了与学生的英语学习需求相符,很多共享开放的网络资源平台出现,慕课、微课、翻转课堂教学模式也应运而生。在校学生以及其他学习英语的人员不仅仅局限于固定课堂与教材上,还可以借助多元的手段来学习。也就是说,21世纪的英语教育形式正在向个性化、随时随地的层面转型,英语教学的信息化革命正在悄然来临。①

基于这一背景，2013年3月，教育部颁布了《教育信息化十年发展规划》（以下简称《规划》），制定了2011—2020年全国教育信息化的建设蓝图。《规划》从信息技术对教育具有革命性影响这一理念出发，注重构建教育信息化体系，并指出应该把教育与技术相结合，推动信息技术与外语教育的融合。另外，《规划》还指出，除了认识到教育信息化对外语教育的作用外，还应该注重教育信息化对外语教育的引导，即教育信息化对外语教育主流层面的革新。

《规划》指出，到2020年，全面完成《国家中长期教育改革和发展规划纲要（2010—2020）》所提出的教育信息化目标任务，形成与国家教育现代化发展目标相适应的教育信息化体系。这意味着应该加快教育信息化基础设施的构建，开发优质化的教育资源，并得到合理的应用，从而保证教育管理信息系统的建设。

可见，《规划》的基本理念就是将信息化运用到外语教育中，并在外语教育中发挥不可替代的作用，要想实现这一目标，教育信息化建设显得势在必行，并发挥现有的网络技术，实现资源的共享，从而保证外语教育的革新。

从上述教学实际对外语教育规律的探讨可以看出，在大数据背景下，优质的教学资源与开放的在线课堂已经悄然向我们走来。这就导致大学英语教学的信息化诉求越来越强烈，因此传统的大学英语教学的性质在不断发生改变。

二、大学英语信息化教育的开展

（一）信息技术

当今社会已进入信息化高速发展的社会，信息和知识已成为

---

① 周文娟.大数据时代外语教育理念与方法的探索与发现[M].上海：上海交通大学出版社，2014.

推动社会发展的两大动力,现代信息技术已经渗透到人们生活的方方面面。

就信息技术的概念而言,目前人们多从广义和狭义两个方面来理解和解释。

从广义上说,信息技术指的是对信息加以处理与管理的各种技术的综合,其包含通信技术、感测技术、控制技术、计算机技术、智能技术等。

从狭义上说,信息技术指的是能够展现信息技术特点的一些技术,具体来说,主要可以从如下四个层面理解。

(1)信息技术可以被定义为信息与通信技术,其主要是运用计算机对信息系统与应用软件进行开发与设计,包含计算机技术、传感技术等。

(2)信息技术可以被定义为3C技术,即计算机技术、控制技术、通信技术三者的集合。

(3)信息技术又可以称为C&C技术,指的是运用计算机技术获取、传递、分配、处理信息的技术。

(4)信息技术指的是应用管理技术,并在科学、技术等层面对信息加以控制与处理,实现人机互动。

通过对上述信息进行分析不难发现,信息技术的核心在于计算机技术,并且在其他技术的共同作用之下,实现信息的获取与传递、转换与交流、检索与存储等。

(二)信息技术教育

很多学者认为,信息技术教育应该分为古代信息技术教育、近代信息技术教育、现代信息技术教育;或分为传统信息技术教育和现代信息技术教育,这实际上是不规范的,也就是说不能以明确的时代划分作为对信息技术教育的界定标准。有学者指出,信息技术教育作为一个新兴学科,其发展起来也是近几十年的事,现代教育理论和现代科技成果是信息技术教育得以发展的重要基础,所以不需要以传统和现代为标准来划分教育技术。

但随着信息时代的到来以及信息技术的高速发展,人们已经普遍接受了"信息技术教育"一词,我国信息技术教育学术界指出,现代的信息技术教育指的是以现代信息技术为核心技术、在现代教育思想和方法及学习心理学成果的指导下进行的教育技术研究与实践活动。在信息技术教育还没有大量出现之前,信息技术教育的发展主要是依赖教育理论与媒体技术,当时产生的信息技术教育与现代信息技术教育是有区别的。可见,信息技术教育的内涵与信息化、信息技术、信息时代密切相关。

1. 以信息技术为主要依托

从本质上说,教育的过程是由信息的产生、选择、存储、传输、转换以及分配等一系列环节组成的系统工程。在这个工程中所采用的多媒体技术、电子技术、信息处理技术、网络通信技术等各种先进技术都属于信息技术。在教育中引进这些信息技术,可使信息传播速度更快,教学效率更高。当今社会,知识迅速增长,在这个环境下,教学效率备受重视,教学质量的提高首先需要提高教学效率。

2. 强调以学习者为中心

以学习者为中心是信息技术教育学科强调的一个重要观点。具体表现为如下几个方面。

(1)在确定教育目标时,使社会的要求、学习者的需求都得到满足,鼓励学习者发展的多样化。

(2)在选择教育内容时,要以学习者需要学和适合学的内容为主。

(3)在选择教育方法时,鼓励学习者自主学习和小组合作学习,培养学习者的合作能力、团结意识、人际交往能力等非认知技能,使其更好地适应生活。

(4)在安排教育形式时,以灵活的形式为主,与学习者的学习、生活相协调,巩固终身教育的地位。

3. 使教育资源的配置更加合理

多媒体技术与计算机网络的普及使得社会成为一个密不可分的整体,学习者可从自身的学习目的、学习需求出发对学校、课程及教师进行自由选择,学校之间、学校与社会之间逐渐失去了明确的界线,社会教育资源将因学习者的需求而合理分配,人为因素的影响会越来越弱,社会人力、物力、财力等资源将会得到更加充分的运用。

(三)信息技术教育的研究范畴

信息技术教育的研究内容是控制与分析研究对象,具体包括以下几个方面。

1. 学习过程和学习资源的设计

在相关理论(教学理论、媒体传播、学习心理等)的指导下,完整而详细地设计教学系统,以达到预期的学习目标。这个过程包括多个环节,如分析学习者、学习目标、学习内容,选择教学媒体、教学策略,评价学习效果等。在教学设计中,这是一个非常重要的组成部分,也是比较独立的研究方向。

2. 学习过程和学习资源的开发

信息技术教育研究在教学过程中如何有效应用各种教学模式、媒体技术,这其实是用实践数据支持理论发展的过程。并不是仅仅采用某种媒体技术对教学产品进行制作就能完成对学习过程与资源的开发,更重要的是要从实践上改进整个教学系统。开发的范围有大有小,某个教学项目、某节课或某个系统工程规划都可以。

3. 学习过程和学习资源的利用

信息技术教育研究如何对源源不断的新技术、最新学科成果及相关信息资源进行利用与传播。

4. 学习过程和学习资源的管理

信息技术教育研究如何规划、组织及调控学习过程和优化整合学习资源。管理对象包括信息与资源、教学系统、教学研究等。优化教学效果离不开科学管理。

5. 学习过程和学习资源的评价

信息技术教育研究如何评价整个教学系统的运行状态及运行效率。既要评价单一环节或因素,又要评价整个系统,将形成性评价与总结性评价结合起来,从多角度,采用多种方式进行科学评价,完善评价体系,从而更有效地改进教学系统研究。

以上分别解释了信息技术教育各部分的内涵,各部分之间相互联系,相辅相成,而非绝对孤立与封闭。在教育实践中,各部分经常是结合在一起出现的,如设计与开发的结合、开发与利用的结合、设计与评价的结合、利用与管理的结合等。可以说,信息技术教育是为了实现最优化的教学效果而在综合运用相关理论与技术的过程中对各教学系统的研究和实践。

从学科属性来看,信息技术教育属于教育学科的范畴,但具有交叉性、综合性等鲜明特征的教育技术又不仅仅属于教育学科,正因为如此,才对学习者的综合素质提出了更高的要求。

(四)信息技术教育的巨大作用

1. 更新教育观念

信息技术教育的创新与应用可使教育者对教学过程与教学资源利用有新的思考,进而促进教育观念的更新。

在传统教育中,以教师为中心,教师作为传授知识的主体,在教育教学过程中发挥着十分重要的作用,而且这种作用被放大化,整个教学都围绕教师来进行,学生只是被动地参与学习。教师是教学技术（黑板、教学教具模型）的绝对使用者，学生只是被动观看。

在教育教学观念方面，信息技术的科学应用为教育的发展提供了新思路、新思想、新办法，促进了现代教育观、现代学校观、现代人才观的形成。

在信息技术教育中，信息技术在教育教学过程中得到了广泛利用，多媒体计算机技术增加了师生之间的交流与沟通，网络技术实现了师生之间交互的双向教学，教师从单纯地讲授书本知识转变为利用多媒体技术进行教学设计。信息技术在教学过程中的应用，学习者从被动地接受知识转变为利用信息技术进行自主学习，学生能更加主动地获取知识，教师也在教育教学过程中逐渐建立起以学习为中心的观念，"应试教育"更加彻底地向"素质教育"转变。

2. 提高教育质量

信息技术的应用极大地提高了教学质量。具体来说，教育教学质量的提高表现在教育教学过程中真正实现了教育教学目标，促进了学生德、智、体、美等多方面的发展。信息技术在教育教学过程中的应用对于学生的多方面素质的发展均有较高要求，学习过程中学生的各项知识与技能不断得到提高，手、眼、耳、鼻、口各个感官共同应用到学习过程中，还促进了学生大脑思维的发展，可实现学生的全面发展。

信息技术对教学质量提高的促进具体分析如下所述。

（1）信息技术为教学提供技术支持，能为现代师生的教学提供一个良好的交互环境，给学生提供更加自主学习的机会，使学生更加主动地投入到学习中去，更加积极地去收集、处理、加工、反馈各种学习信息，有助于增强学习效果，促进学生主动性发展、个性化发展，提高个体化教育品质。

（2）现代信息时代，信息技术教育无时间、空间限制的特性，有利于创建大教育的格局，能更加高效地调动各种教学资源，使得优质教育资源得到有效整合,扩大优质教育资源的受益面,进而促进教育质量的整体提高。

(3)现代化的教育教学强调高素质全面发展的人才的培养,强调学生的发展应与社会发展相适应,现代教育为提高教育质量、促进社会现代化发展服务,新的教育观念将会催生新的教育质量评估体系和评价方式,并有助于建立信息全面的大数据跟踪与检测,促进每一名学生的真正发展。

3. 提高教学效率

生产技术的改革必然会促进生产效率的提高,在教育领域,信息技术也具有相同的提高教学效率的作用。

所谓教学效率,具体是指一定时间内完成更多的教学任务,或者完成相同教学任务量使用更少的教学时间。信息技术的发展和教学应用可缩短教学时间,能更加高效地实现教师和学生在教学过程中的知识输出与输入。

在信息技术教育的应用过程中,丰富而先进的信息技术可使学生综合利用多种感官进行学习,使学生充分获取知识,有实验证实,在学习过程中,学生利用的感官越多,越有利于学生对知识的记忆、理解,越能帮助学生获得较佳的学习效果,进而提高教学效率。

4. 促进教育改革

信息技术教育的发展是教育改革与发展的制高点和突破口,引起了教育领域的多方面变革。具体分析如下。

(1)教学模式的变革。在教育教学模式上,传统的教育模式限于校园内的教室、教师、黑板和教科书。现代教学媒体改变了原有教育过程的结构,形成了多种人—机—人的教育新模式。

信息技术在教学中的应用,突破了有围墙的学校模式,卫星电视网络、计算机技术、多媒体技术、网络技术的发展与教学应用,使教师的"教"与学生的"学"均摆脱了学校、课堂、时间、地域的限制,远距离教学的模式——"网络大学""开放大学""全球学校"得以实现。

（2）教学组织形式的变革。在传统的教育中,教学组织形式是以学校、班级和课堂为主要场所,在教学过程中,也重视学生的个体化发展,提倡个别答疑、分组学习;但是,受多种条件限制,学生的统一化教学仍是主要教学形式,学生的个性化教学难以实现。

随着现代化信息技术在教学中的应用,学生的小组学习、个别化学习成为可能,例如,计算机教学中,应用电子教室,可实现全体、分组和个别化的自主学习;网络化的传输功能还能在各种学科实现实时交互学习。

（3）教学手段与方法的变革。信息技术在教学实践中的应用,为教师的多样化灵活教学提供了更多的技术支持,也能丰富学生的感官体验,有助于提高教师和学生的教与学的积极性与主动性。

教育手段多媒化,教学方法多样化,在教育教学实践过程中,教师对多样化的教学工具与方法的选择,能为学生的不同教学内容的学习提供最佳的教学环境与教学体验。

5. 丰富教育资源

随着现代教学手段的发展,特别是多媒体技术、通信技术、网络技术等信息技术在教学中的应用,教师不再是唯一的教学信息来源,学生通过多渠道获得信息和知识,扩展了学生的知识信息来源。

以多媒体教学技术为例,多媒体教学可以实现文字、数据、图形、语言、视频等教学信息的统一处理,可令教学内容更加生动、形象,可调动学习者的多种感官参与学习,能在更短的时间内向学习者传递更多、更立体化的教学信息,提高教学信息的传递效率,实现教学信息资源的高效利用。

6. 扩大教育规模

信息技术能扩大教育规模,加速教育事业的发展。从当前我国的教育现状来看,国家正在实施科教兴国战略,充分利用现代教育技术,如广播电视网络(包括卫星电视、有线电视)、计算机网络、邮电通信网络等,开展各种远程教育,更多的偏远地区的学生受益,客观方面大大地节省了师资、校舍和设备,并有效促进了教学规模的扩大。

(五)大学英语信息化教育的目标

1. 激发学生的问题意识

人从出生就具有了求知欲和好奇心,这是人能够自由、理性的基础,表现在学习态度与兴趣上,就是人能够积极地去探索与解决问题,不断创新、不断超越。学生学会学习的最佳路径就是逐渐学会启发式的学习,即教师引导学生发现问题,并让学生找到合适的方式解决问题,师生之间围绕问题展开自主学习与探究学习,使学习活动向思维活动转变,这样才能让学生具备多元思维。

在信息技术教育背景下的高校英语教学中,要强调问题引领的作用,即教师要以问题作为起点,以问题解决作为主要的活动过程,从而将学生对问题的敏感性激发出来;同时,要求教师主要探讨那些与现实联系紧密的问题,对这一领域的学术前沿问题进行跟踪和了解,将学生潜在的能力挖掘出来,培养学生的研究精神与素质,形成面对困难的积极潜质与解决问题的能力,并塑造自己的人格与工作特质。此外,还要求教师为学生创设自由的学习氛围,师生之间围绕提出的问题,通过交流与对话形式解决问题,并进行分析与评价,帮助学生形成问题意识与问题解决能力,推动他们判断真假、独立思考的能力等。

2. 转变学生学习的方式

学习方式是学生在展开学习任务时自主、探究的基本认知取向与行为特征,其主要包含发现学习、接受学习、合作学习等。在新时代背景下,高校选择的教学方法一般是多种多样的,具有针对性与灵活性,将极大地推动学生学习方式的转变,要求教学应该从学生的学习能力出发,符合学生的学习要求,这样才能培养出符合社会发展需要的应用型人才。具体来说,主要可以从如下四点考虑。

(1)倡导自主探究式学习,让学生自定节奏。具体来说,就是在学习中要发挥学生自身的主观能动性,教师引导学生大胆地接受挑战,挑战传统的识记性学习方式,让学生真正地学会学习,成为学习活动的主人,推动他们灵活地转换学习方式,在创造与研究中学习。

(2)推动学生走向团队合作式学习,即单打独斗的学习显然效果差,学生只有学会与其他同学合作、与教师合作,才能真正地弄懂知识,掌握技能。

(3)实施应用情境式教学,即关注学生在特定情境中的认知体验,通过新兴技术,为学生创设真实的场景,让学生主动参与其中,增强他们的认知能力。

(4)关注学生的在线学习与移动学习。由于网络技术的发展,学生的学习资源越来越丰富,这就给学生提供了学习的便利,学生可以打破时空的限制,获得教师或者其他同学甚至一些专家学者的帮助,从而在课外不断提升自身的语言能力。

3. 促进学生的深度学习

所谓深度学习,即学生在理解的基础上,能够批判性地学习新知识,并将这些知识融入他们原有的知识结构中,建构这些新旧知识的联系,并且能够将已有的知识迁移到新的情境中,从而独立地解决问题。采用深度学习策略的学生要更善于整合知识、迁移知识，这样才能取得好的成绩。

当前，高校应该努力为学生创设深度学习情境下的课堂环境，让课堂不仅成为学生知识深度加工的重要场所，还要把原来教师单向传授的教学过程转变为师生互动的过程，创设真实的、批判性的课堂环境，还需要围绕问题的解决探究深度学习的情境机制，让学生逐渐实现知识的吸收与内化，从而有效培养他们的理性思维与创新思维。

4. 强调学生学习的责任

当前，要想培养出具备应用型能力的人才，要求学生在具体的实践中发挥自身的主体作用。也就是说，学生能够主动为自己的学习行为承担责任，让学生逐渐成为自己学习的主人，成为教学活动中主动的、自觉的参与者，成为知识主动的发现者与探索者，推动教学从"教"逐渐转向"学"，让课堂上不再仅仅强调以教师的教授为主，还强调以学生的学习为主，实现师生之间协同的教与学。

这就是说，在信息技术教育背景下的高校英语教学中，不仅要将学生的积极性与主动性激发出来，还需要引导学生将精力、时间等投入到学习之中，帮助学生减少学习的盲目性与随意性，逐渐建构自主式、探究式的学习。同时，要给予学生应有的权利，赋予他们自主学习的权利，自主选择学习内容与策略，让他们不断发挥自己的主观能动性，发挥自己的学习优势。

5. 培养学生的核心素养

人应该必备的能力与品质就在于核心素养。核心素养的提出主要包含如下四个层面。

（1）未来个人发展与社会生活需要的能力与品格是无法预料的，个人在受教育阶段唯一能够选择的是对自己的必备品格与关键能力进行发展。

（2）知识是以几何级数增长的，能力以几何级数进行分化，学校教育无法对知识和能力进行穷尽。

（3）社会生活纷繁复杂，价值取向也是多元化的，学校教育无法面对社会上所有的问题。

（4）学校教育应该专注于对学生必备品格与关键能力的培养。

"核心素养"一词源自西方，英文是 Key Competencies。Key 在英语中的意思是"关键的、必不可少的"的含义。Competencies 的意思是"能力"，但是从其范畴与内容来说，可以翻译为"素养"。因此，"核心素养"也就是所谓的"关键素养"。

进入 21 世纪，欧盟国家为了应对经济全球化，在教育领域提出了"核心素养"这一概念，目的是培养学生的创新能力，这一概念的提出是为了对传统的以阅读、计算等为核心的概念进行改变，从而提升学生的综合应用能力。

2014 年 3 月，教育部发布了《关于全面深化课程改革　落实立德树人根本任务的意见》，要求英语教学应该将社会主义核心价值观的内容引入教材与课堂，努力使学生了解中华文化，明确提出了"核心素养"的概念。在语言教学中，核心素养主要包含如下几点内容。

（1）语言能力。语言能力是指基于社会情境，通过语言来进行理解与表达的能力。从英语技能教学来说，语言能力是学生应该具备的基本能力，也是学生核心素养的体现。从语言学科来说，听、说、读、写、译这五项能力是最基本的语言能力，对这些能力的掌握才能更好地学好语言。同时，新时代条件下学生需要面临各种数据、图表等，因此他们还需要掌握好"看"的技能，这样才能对第一手资料有清楚的把握。

（2）文化品格。文化品格不仅指的是了解一种情感态度、文化现象，还指了解语篇反映的社会文化现象，通过进行归纳来构建自己的文化立场与文化态度。

语言教学的核心素养更加注重从多元文化层面来思考，通过比较，了解中西方文化的差异，这样学生才能更加自信与自强，从而对西方文化予以理解，并将中华文化更好地传播出去。

（3）思维品质。思维品质与一般的语言能力、思维能力并不同，指的是与英语技能学习相关的一些思维品质。在核心素养中，这一品质与学生更为贴近，学生思维品质的提升与优化也是"立德树人"的彰显与表现，与高校英语教学改革的目标相符合。

总之，学生的生存与发展需要多种素养，但是在21世纪的挑战下，这些素养并不是所有都并重的，也就是需要对这些素养的重要性进行排列。其中创新能力、合作能力、信息素养等是优先的素养，这些应该排在最前列，因为这些素养是学生应对挑战、为国做贡献的关键。这就是所谓的核心素养。其他的一些素养如身体素质对于个人来说是非常重要的，但是由于太基础，所以可以将其视作基础素养。另外，传统的读、写、算也可以算作基础素养。

在全球化背景下，各国关于学生核心素养的范畴存在着某些共性。就全球范围来说，国际组织、一些国家等在核心素养指标的选取上，都反映了该组织、该国家、该地区的经济发展情况，并强调信息素养、创新能力、社会贡献、国际视野等素养是非常关键的层面。但是受国情的影响，由于各国所面临的关键问题存在差异，因此核心素养的内容与程度也会存在着某些的不同。

6.增强学生的学习体验

个体的发展具有特殊性，因此教学需要在尊重学生个体差异性的基础上，对学生的学习体验予以关注，努力为学生创造更多锻炼的机会，激发他们学习的内部驱动力，发挥他们对知识的探索精神。当前，很多高校的评价强调甄别与选拔，对评价的激励与促进功能予以忽视，往往对结果过分看重，对学习过程予以忽视，这样的评价就导致了个别优秀的学生得到了愉快的体验，但是那些成绩差的学生失去了学习的兴趣，很难培养出健康的情感体验。

在具体的教学过程中，高校教师应该努力让学生们用感官去实践、去体验、去解决问题，与社会实践相联系，研究教学方法是否符合学生的需要，采用多种技巧和方法展开教学，增强学生的学习体验,让课堂脱离传统课堂的弊端,不被教材与大纲等约束,让学生广泛地参与到课堂之中,实现师生之间、生生之间的互动,这样才能让他们学会思考、学会辨析、学会研究,进而发现课堂的魅力。另外,教师还需要注重选择科学的评价方式,让学生能够更好地体会到成长的快乐,享受学习的快乐,帮助学生正确地认识自己,激发他们学习的动力和积极性。

第二节 大数据为大学英语教学带来的巨大变革

一、大数据为大学英语教学带来的影响

(一)与传统课堂的碰撞与对接

1. 与传统课堂的碰撞

大数据驱动下的大学英语课堂与传统课堂的碰撞主要体现在教育理念上,因为当前的教育仍旧难以摆脱"应试教育"的枷锁,并且大数据驱动下的大学英语教学要求革除传统教育理念、教学方法上的弊端。下面就对这两点做具体论述。

(1)难以摆脱"应试教育"的枷锁。众所周知,在大数据背景下,传统的教学模式已经与当今的课堂不相适应,但是面对毕业、就业压力,当前的大学英语教学仍旧未脱离"应试教育"的枷锁。当前的大学英语教学要求学生要学会自主探究、自主预习、自主总结,同时培养自身学习的习惯与思维,要在教师的指导下体验概念与规律的探究过程,并在学习中培养求知精神。但是现实是,在大学英语课堂教学中,很多教师主要侧重于讲授,对学生进行满堂灌式的教学,未能顾及每一位学生的接受与感受情况,使学生的主体地位丧失。也就是说,当前的大学英语课堂教学中,教师的教学思想还未发生根本改变。

第三章　大数据驱动下的大学英语教学

很多家长对于学生的考试成绩过分看重，却忽视学生整体素质的提升，教师也未考虑学生的全面发展与终身发展，一味地追求成绩，导致课堂教学主要以知识传授为主，教学过于机械化，搞题海战术，这就很容易让学生丧失探究能力与解决问题的能力。因此，如果不对传统教学观念与方式进行改变，包含信息化时代下的大学英语教学在内的任何教学形式都很难进行到底，教学大纲的要求也就很难实现了。

（2）大数据的运用要求革除传统教学理念、教学方法上的弊端。由于应试教育理念的存在，很多大学英语教师在教学理念与方法上存在着某些问题，这对于他们自身的专业发展是非常不利的，也会影响学生的全面发展。具体来说，这些问题和弊端表现如下。

首先，教师将教学视作教学目的实现的一种方式和手段。教学是传输知识的过程，因此教师只关心对教学手段的研究，而并未探究教学的目的何在。

其次，教师认为教学是教师教与学生学的拼接，教师将书本的知识教授给学生，学生被动地接受，这如同将知识灌输给学生一般，学生只是接受知识的容器。

最后，教师在教学中忽视了学生主观能动性的发挥，缺乏与学生的互动，也缺乏让学生与其他学生进行互动。

基于此，传统的教学模式下的教学阻碍了学生人格的全面发展，使得学生成为应试的机器，这样的教学与教学目的相背离。

大数据驱动下的大学英语教学要求教师对教育观念进行改变，但他们是否愿意改变，是必须要解决的首要问题。这种教学模式还需要教师具备一定的信息素养，这样才能做得更好。可见，大数据驱动下的大学英语教学要求教师具备较高的素质与能力，要不断地在知识的海洋中充实自我，要不断地发挥自身的气场对课堂的节奏与进度加以控制，要以宽广的视野来引导学生探索更大的世界。

2. 与传统课堂的对接

虽然传统课堂教学有着明显的弊端,大数据驱动下的大学英语教学的优势已凸显出来,但并不是说要完全舍弃传统课堂,而是要求二者的完美对接。具体而言,主要从如下几点着手。

(1)学校作息时间安排问题。大数据驱动下的大学英语教学需要学生花费很多的课后时间展开自主学习,要求教师在教学时间上进行合理安排。在大数据驱动下的大学英语教学中,教师不应该占用学生过多课余时间,应该让他们能够有时间展开自主学习。学生在课后的主要任务就是观看教学视频,进行针对性练习。

(2)学科适用性问题。目前,国外的很多信息技术与大学英语教学结合的实践都是针对理科来说的,且理科具有明确的知识点、概念等,教师只需要讲好一个公式、一个例题就可以,因此容易实施这一模式。但是,对于文科来说,其讲授的内容比较广泛,需要师生之间展开思想、情感上的交流与沟通,因此这对文科类教师提出了一个大的挑战。这就要求教师要不断提升教学视频的质量,通过教学视频,将所要简述的知识点进行概括,将相关的理论加以阐述,让学生在课后查阅相关的资料,并进行主动思考,然后在课堂上与教师或其他学生进行讨论,直至深化对该问题的理解。因此,对于不同的学科,教师需要采用具体的策略来实现信息技术与大学英语教学的完美结合,并从学生的反馈情况入手,对相应的教学情况加以改革。

(3)教学过程中信息技术的支持。大数据驱动下的大学英语教学的实施必然需要信息技术的支持,从教师对教学视频的制作、学生的观看等,都需要信息技术的参与。但是当前,网络宽带、速度等问题对我国各大高校开展在线教学有了一定的限制,因此在实施信息化时代下的大学英语教学时,学校需要对这一问题加以解决。同样,在教学视频制作的质量上,教师也需要进行拍摄、剪辑等,因此需要一些专业人士的辅助,当然不同的学科有不同的风格,教师需要根据自身学科的特点来定。

（4）对教师专业能力的挑战。在大数据驱动下的大学英语教学的实施过程中，教学视频的质量、与学生展开互动指导、课前学习任务设计等都需要教师完成，因此要加强对教师进行培训。在提升教师专业理论水平的基础上，不断提升他们的科研能力，对学生的个体差异进行关注，并给予个性化指导。同时，在教师的技术素质上也需要进行培训，便于他们制作出生动活泼、丰富的视频资源。

（二）对大学英语课程资源的影响

大数据技术的发展与应用，推动了优秀学习资源的共享，学校、公益组织、个人都参与到教学资源共享的过程中来。当前，通过信息化技术的共享，大学英语教学课程资源主要有以下几类。

（1）CORE。CORE是指中国开放式教育资源，是中国优质教育资源的世界推广。CORE充分借鉴与吸收了美国麻省理工学院、耶鲁大学、牛津大学、剑桥大学等世界一流大学的优秀开放式课件、先进教学技术、教学手段，通过教育创新，不断提高我国的教育质量，并将我国学校优质的教育资源向全世界推广，实现优质教学资源的积极交流与共享。

（2）OOPS。即开放式课程计划，是将国外一流大学的开放课程翻译并制作成中文课程，面向我国的师生授课，使我国师生能更好地享受到优质的教学课程。

（3）OCW。OCW是Open Course Ware的简写，是世界优秀学校教育资源的全球共享，这些学校将本学校所开设的全部课程的教学资料与课件在网上公布，以便于全世界范围内有需要的人下载参考学习。

（4）网易公开课。网易公开课是通过视频免费分享国内外著名学校的公开课程，如OCW翻译成为中文的课程。

当前，信息技术在大学英语课堂教学中的应用越来越普遍，这些技术的使用对教育过程、教学过程、教学方法和手段均产生了深刻影响。课程资源的共享是新时期信息化教学带来的一个最显著的教育教学改变。

为了推广和普及信息化教学,我国开通了"校校通工程",使全国90%左右的独立建制的中小学校能够上网,共享网上教育资源,在提高中小学学科教学质量的同时,为教师的再教育提供了条件。

在网络信息时代,个人、教育机构、学校与外界进行不同层次的信息沟通、信息获取、信息利用、信息共享,实现信息技术与教学的有效整合,既促进了教学的发展,也促进了教师与学生的发展。

(三)对大学英语教师的影响

大数据技术的广泛应用对大学英语教师有巨大的影响,具体表现如下。

(1)大数据技术对大学英语教师的最大影响在于学生获取知识途径更加多样化了,大学英语教师不再是学生的知识的唯一来源。

(2)新时期,新的媒体和技术的应用对教学观念、方式和手段也带来了极大的冲击,对大学英语教师的教学过程影响显著。

(3)大数据技术在大学英语教学中的应用对教师素质能力的提升有重要作用。将大数据技术融入课堂之中,可以优化教学方法、提高教学效率。但是,由于学生选择学习的时间、内容等具有了灵活性和自由度,很可能会导致学习的失控。就传播学的角度来说,大学英语教师不仅是教育信息的传播者,更是把关人,因此应该考虑实际情况,对信息有针对性地选择,科学调配教学过程。

(四)对大学生自身的影响

大数据技术的教学应用对大学生的影响分析如下。

(1)大学生是大数据技术发展的最大受益者。大数据技术提供的个别化、网络化的学习方式,可以使大学生根据自己的特点和水平选择合适的学习进度,在轻松的环境中学习,实现真正的"教育平等"。

（2）大数据技术的应用改变了大学生获取信息的途径,改变了大学生的基本听、说、读、写的方式,学习者具备了更加自由化、多样化的表达方式。

（3）信息社会,任何一名学习者都必须具备一定的信息素养,具备独立的终身学习能力。大数据技术不仅对教师的教学能力有较高要求,对大学生的自主学习能力也有较高的要求,要求大学生具有信息社会要求的观念、意识和现代教育技术能力。

此外,大数据技术发展对教学的影响不仅局限于上述几个方面,大数据技术发展推动了教育现代化发展,推动了教育教学的改革,现代化的教育教学是以培养创造型人才为目标的新型的现代教育体系。信息的发展通过信息技术影响教学,不仅体现在教学物质基础、教师与学生"教"与"学"的影响方面,还间接促进了教育思想现代化、教育内容现代化、教育管理现代化。

二、大数据为大学英语教学带来了挑战

（一）对高校英语教师的信息素质提出了更高的要求

大数据技术发展对教师对于教学信息的加工、传播、反馈与收集能力提出了一定的要求。新时期,大学英语教师要胜任大数据技术并合理应用于大学英语教学,就必须掌握一定的信息技术知识,并具备现代信息的加工、处理能力。具体分析如下。

大数据时代对整个社会有着很大的影响,对人民的生产、生活、学习等产生了较大的改变。在教育层面,也逐渐改变了大学英语教师的角色,传统教学中的教师是教学内容的唯一提供者,但是在信息化时代下,学生除了从教师那里获取知识外,还可以通过很多渠道获取知识,大学英语教师的角色也发生了改变,即成了引导者、辅导者、指导者。

大数据驱动下的大学英语教学对教师提出了更高的要求。

具体来说,教师不再仅仅扮演知识的传授者与引导者的角色,其扮演的角色更加趋于多元化。因此,大学英语教学与大数据技术的融合还要求教师不断提升自己的专业化水平,促进自身的专业化发展,从而适应信息时代对大学英语教师的要求。

随着大数据技术融入大学英语课堂教学,学生的学习与大学英语教师的教学都发生了革命式的变革,新兴的课堂教学环境即互联网技术教学环境得以产生,大数据驱动下的教师角色一部分是基于传统教师角色中的"传道、授业、解惑"者,应积极汲取传统教师角色中的优点,认真履行知识的传授者角色行为,同时应看到传统教师角色不适应教育信息化的发展,如管理者、灌输者等角色的局限,应实现自我角色的转变,处理好传统角色中的教师角色延续,并重视"互联网+教育"下教师角色的转换,不断提升自身的信息素质。

(二)对学生的独立学习、全面发展提出了更高的要求

学生是教学的对象,教师的一切决策都要围绕学生开展,教师应充分考虑到学生群体和学生个体的身心特点与学习、发展需要。教师应关心和尊重学生,为引导学生积极参与教学创设良好环境与情景。

在大数据时代背景下,教学活动中学生的主体性地位发生了变化,主要表现在以下几个方面。

(1)对教育对象的自主选择权。学生对教师教学的影响并非无条件地接受,这就要求教师的教学尽量适应学生的发展需求,学生有根据主体意识,积极地或消极地进行选择的权力。

(2)对教学内容的自主选择性。学生主动参与教学内容的选择是当代教学思想所提倡的,学生选择教学内容是学生自主性中最活跃的因素。当然,必须强调的是,学生是在教学目标的框架内参与一部分教学内容选择,在课程专家根据社会和教育目标所做的初步筛选后进行。

(3)参与教学活动的积极性和主动性。学生学习活动的主

动性、自觉性是学生学习主体性的本质体现,教师的教学活动要建立在学生对学习的自觉的、主动的、自我追求的基础上。学生在学习过程中能积极地参与教学活动,并能以自己已有的知识经验、认知结构主动地认识、理解、吸收新知识。

(三)对信息技术下师生的有效互动提出了要求

在大数据技术出现之前,教师与学生交流沟通的场所主要是教室、操场、学校活动中心。

在教室内上课过程中,教师与学生之间首先要完成本次课的教学任务,然后才能进行课程外学习内容的交流,因此,师生在学校各教学场所的交流是十分有限的,主要是教师在讲,学生在听,一节课下来,师生之间的交流与互动往往仅仅有几个点名提问,并没有师生探索、讨论互动。很多教师在完成教学工作后忙于其他事情(如进行科研),也没有时间与学生交流。师生交流缺乏主动。

课堂之外,学校教师在学校除了日常教学还有很多其他工作,学生的校园生活也十分丰富,由于师生的教与学的任务不同,在不同的时间段,他们需要分别在不同的空间场所内开展教与学的工作,这就更加使得师生课堂关系难以在课外继续保持联系。

课上的交流有限,在课外,教师与学生之间的交流更是少之又少,调查发现,很多学生在课外时间难以接触到教师,即便是有交流机会,也是"不怎么愉快"的"被动交流"。上述情况充分表明了学校师生存在着交流障碍,这些障碍有主观和客观原因,有教学安排的局限性,也受制于教育技术所限,教师与学生在课外缺乏沟通与交流的平台。

大数据技术的发展和教学应用,为师生之间更加频繁的交流提供了技术支持,教师与学生可以通过QQ、微信、校园网、教学APP等实现随时随地的线上交流,但是,由于线上网络课程教学中,师生不是面对面的,学生在教学中对教学内容的投入状态、对教师的回应在很大程度上靠自觉,因此,教师很难像在真实课堂教学中那样监督学生,也不能给每一位学生形成一种紧张、专注、融洽的课堂环境氛围,因此,很多学生在线上课程的学习中都处于沉默、"潜水"状态。

大数据驱动下的大学英语课程教学中,学生的"线上沉默"有一部分原因是课堂时空环境和氛围造成的,此外,与教学内容难易程度、教学内容呈现方式、教师的线上互动方式方法等有密切的关系。

第三节 大数据驱动下大学英语教学的优势

一、提高教师工作效率

计算机作为一种工具,可以不断提升教师的效率,如设计教案、录入成绩、查询资源等,这些都是通过计算机来辅助的,对于教师来说非常有用。

在大学英语教学中,教师可以通过服务器对自己备课的内容进行讲解,并对学生的学习状态进行实时的观察,之后可以进行测评,检验学生的学习情况。

在作业批改上,一些客观性的题目可以通过计算机来操作,主观题在学生作答之后,教师可以通过处理软件来进行批改。这样就大大地提升了教师的工作效率,将有更多精力置于讲解与研究层面。

二、发挥学生主体作用

大学英语教学与大数据技术的融合可以将学生的主体地位凸显出来,学生可以从自身的需要出发,选择自己的上课时间,采用恰当的方法调控自己的学习进度,从而借助信息技术进行掌握。当学生在学习中遇到问题时,他们也会调整自己的学习速度,随时对问题进行解决与补充,从而不断提升自己对知识的掌握情况。当学生在学习中感到非常容易时,他们也会提升自己的学习速度,这样便于掌握更多的知识,也可以进行测试与检验。

在这一过程中,学生能够正视自己的不足,巩固自己的语言知识,便于自身形成良好的学习习惯。同时,无论学生处于何处、什么时间,他们都可以运用各种教材与课件,查询、访问或者下载,这样帮助他们进行针对性的学习。当然,如果学生在学习中遇到问题时,他们可以发送邮件与教师进行沟通,让教师为他们答疑解惑。因此,信息技术使学生清楚地了解自己的学习情况,发挥自己学习的积极性,促进自己的学习进步。

大学英语教学本身是一门能力课,如果仅仅学习理论,这样的学习显然达不到成效,还需要通过锻炼,将理论付诸实践。在传统的大学英语教学中,很多学生因为害怕或者自信心不足,导致不愿意在公共场合开口讲英语,在课堂上也不愿意回答问题,显得非常焦虑,这样的情况是非常常见的。但是,在大数据驱动下的大学英语教学中,学生不用担心这一问题,因为他们不是面对面的,学生会不断释放自己的焦虑,从而愿意回答问题与解决问题。

另外,由于大数据技术在大学英语教学中运用,为学生提供了一种交互式的学习环境,其中实现了文字与图片、动与静的结合,因此显得更为逼真,学生的学习也具有趣味性。

三、提供丰富资源信息

在大数据驱动下的大学英语教学中,教师应该考虑学生的基本情况,对各种资源进行调用,进而制作成课件,当然要与学生学习的需求与风格相符。教师需要在网上搜索相关资料,不断丰富教学内容。

此外,由于国际信息技术的通用语言为英语,因此在网上存储着应有尽有的多媒体形式的资源,有专门的教学资源,有实时性极强的报刊资源,这些资源都为学生提供了原汁原味的资料。

第四节　大数据驱动下大学英语教学的属性

关于大学英语教学的学科属性,长期以来有着不同的观点,并未形成一个统一的见解。根据新学观点,大学英语教学是从语言学、心理学等学科建构起来的一门新兴学科。[①]

从我国的大学英语教学来说,大学英语教学在语言学研究中并不属于一门独立的学科,而是置于应用语言学科之下。

由于大学英语教学属于一门综合学科,其跨度非常大,因此这就给其属性的研究和探讨带来了难度,这也是大学英语教学这门学科地位至今未确定的主要原因。

事实上,大学英语教学除了与语言学、心理学等学科有着紧密的联系,其还涉及一些系统的领域,如教师与学生、知识与技能、德育与智育等。

现如今,在大数据驱动下,大学英语教学需要拓宽自己的范畴,探索教育与技术更为广阔的空间。换句话说,大学英语教学不仅需要对语言学进行研究,如对语言特征进行描述,对语言功能加以分析与解释等,还需要对包括本族语在内的整个社会大系统的多学科领域进行研究,这是因为语言系统对大学英语教学的作用仅仅限制在语言形式与内容上,而英语的运用则需要语言符号与文化的双重转换。可见,在大数据背景下,也是如此。

根据上述分析可知,大学英语教育不仅是一门应用语言学科,语言学也不是大学英语教学的唯一归属学科。[②]在大数据驱动下,大学英语教学的目标不仅是将语言视作一种符号来教授词汇、语法、语义等;还应该将语言视作一种交际工具,从功能、意念等多个层面实现人与人的交互;或者将语言视作一种生理机

[①] 张国杨,朱亚夫.外语教育语言学[M].南宁:广西教育出版社,1996.
[②] 夏纪梅.外语教学的学科属性探究——"语言教育学论"引发的思考[J].语言教学与研究,1999,(4):4-14.

制,将语言认知与习惯视作教学目标,教学采取英汉语对比的形式展开;或者将语言视作思维工具与文化载体,通过英语这门语言的学习,对另外一种文化进行观察与分析,掌握另外一种文化中人们的思维方式与价值观,从而更好地融入这种文化之中,顺利完成交际。

第四章　大数据驱动下大学英语教学模式的革新

当前,人们正在运用大数据技术进行教育体制、教育模式的改革,而这种改革在大学英语教学中也有明显的体现。大数据技术的运用扩大了大学英语教学的时空界限,提高了大学生学习的兴趣和积极性,传统的大学英语教学模式已经不能适应大数据时代的要求,因此亟须进行变革,而这时新的教学模式登上舞台。本章就从多模态交互教学、慕课与微课教学、翻转课堂教学、线上线下混合式教学几大创新模式入手展开分析。

第一节　多模态交互教学

一、多模态交互教学的内涵

从语言学习的特点出发,20世纪90年代,西方学者提出了多模态话语理论。这一理论指出,语言属于一种社会符号,音乐、绘画等非语言符号对语言意义的生成起着重要的影响作用。各种语言符号与非语言符号模态之间既是相互独立也是相互影响的关系,共同生成语言意义。根据多模态语言理论,语言的输入、输出会受到多种符号模态的影响,因此在英语教学中,可以将多种符号模态融合起来,结合音乐、图像、网络等形式,丰富英语课堂,调动学生学习的积极性与主动性,从而交互式地学习英语语言,达到对英语语言的充分记忆以及恰当应用的目的。

在大数据驱动下,教师采用多模态交互教学,可以充分运用网络多媒体等手段,创设各种语言学习情境,让学生真正体会到语言学习的乐趣,多渠道地激发学生的听觉、视觉等感官,为学生提供全方位浸染式的环境。促进学生不断提升自身的语言技能。

多模态交互教学强调采用多种手段,具体来说是运用网络多媒体技术,开展角色扮演、图片展示等多种互动方式,调动学生学习的积极性,将听、说、读、写、译各项技能结合起来,激发他们学习的兴趣,对旧知识进行巩固,对新知识进行拓展。

二、大学英语多模态交互教学的基本原则

(一)客体适配原则

在大学英语教学中,师生分别处于教授与学习的主体地位,对应的客体则是教授与学习中使用到的工具,如多媒体、教材等。所谓的客体适配,即根据多模态交互教学的需要,提前选择能够对教学工作加以支持的材料。例如,在听力课堂上,教师需要提前下载一些听力材料,然后运用多媒体进行播放;在阅读课堂上,教师可以为学生推荐一些阅读性强的著作。

当然,日常的教材讲解,需要教师在备课时制作多模态PPT。从教材内容出发,将其中涉及的重难点知识,在PPT上配合动画、图片等加以展示,这能够将教材这一客体的适配性发挥出来,并能够激发学生的学习积极性,提高教师教学的质量和效率。

(二)主体适配原则

如前所述,教师与学生处于教授与学习的主体地位。

就教学层面而言,教师在对多模态符号进行收集与整理的过程中,应该转换自己的身份与角度,尽量从学生的视角出发对多模态符号内容进行选择。例如,所选择的动画、图片等要与当代

大学生的认知规律、兴趣爱好等相符合。这样才能使课堂更具有吸引力,进而便于教师展开教学工作。

就学习层面而言,学生需要在接收到PPT的模态符号之后,将自己的感官调动起来。例如,当教师在PPT上播放听力材料时,学生需要将自己的听觉感官调动起来;当教师在PPT上展示图片等内容时,学生需要将自己的视觉感官调动起来。

一般情况下,坚持主体适配原则,对于构建多模态的交互教学模式,提升师生之间的默契度非常有益。

(三)阶段适配原则

英语学习本身是一个循序渐进的过程,阶段不同,学生的水平与理解能力必然也不同。为了更好地将多模态交互教学的优势体现出来,教师在运用这一策略时,需要坚持阶段适配原则。

也就是说,教师要从实际出发,对模态组合的形式与教学模式进行不断的调整。例如,听力部分是大学英语四、六级的重要测试内容,也是学生英语核心素养培养的一项重要内容。运用多模态互动教学模式展开听力教学时,第一阶段需要根据班级学生自身的水平,选择恰当的听力材料,不宜过难,也不宜过于简单。同时,教师需要提前检查一遍,尤其检查里面的信息是否全面,语速快慢是否适中,问题的设置是否合理,等等。第二阶段是在听力时,教师要时刻观察学生的注意力情况,是否出现眉头紧锁等情况,这样有助于教师对难度加以判断。第三阶段是从听力材料出发来讲解。阶段不同,这一教学模式实现了音频模态、口语模态、文字模态的多方组合。

三、大学英语多模态交互教学的意义

在大学英语教学中,网络技术与大数据技术的作用日益凸显,可以说这些技术改变了教育的理念与方式。在大数据背景下,大学英语教学应该充分利用网络与多媒体技术,将多种符号模式如图像、语言、网络等融入教学之中,利用多种模态将学生的各种感官激发出来,调动学生的学习积极性。

大学英语是高校多种学科中的一项重要的公共基础课,但是对于大部分学生来说,原有的英语课堂是非常枯燥的,导致他们的学习效果也不理想。当前,随着网络与大数据的出现,在一定程度上突破了教学的界限,采用音频、视频、微信等资源开展大学英语教学,这为大学英语教学注入了新的活力,也为学生增添了学习的自信心与动力。

在大学英语教学中,对网络资源的合理运用可以刺激各种感官,让学生参与到学习之中,更深层次地理解英语词汇、语法、语言学等知识。学生致力于成为大学英语课堂的主人,主动积极地探索知识,才能学会知识。

另外,在传统的大学英语教学中,教师提供的信息是非常有限的,很难与学生的个性需要相符合,多模态化网络的融入,可以解决教师的这些问题,教师可以利用大数据资源,为学生创设真实的平台,让学生调动多方感官,自主、轻松地提升个人的语言能力。

互联网已成为教师教学的重要工具,充分利用互联网及多模态教学模式势必对大学英语教学产生巨大的影响和推动作用。

四、大学英语多模态交互教学的构建策略

大数据时代的到来为多模态教学引入大学英语教学提供了基本的条件。无论你身处何方,都可以摆脱时间与空间的限制。对网络资源进行合理的利用,还可以从自身的兴趣与爱好出发,浏览网页、观看视频等,也可以参与在线讨论,这与大学英语多模态交互教学是相辅相成的关系。

大学英语多模态交互教学作为一种新型模式,充满着活力,在大数据背景下必将日益完善。那么下面就来具体分析大学英语多模态交互教学的构建策略。

(一)充分利用多媒体资源

多媒体技术被引入大学英语教学中,是大学英语教学的一项重要变革。多模态教学强调将学生的各个感官调动起来,实现英语学习的目标。多媒体课件正是能够将文本、图片、音频、视频等相结合的资源,教师如果制作一个多媒体课件,需要精心的准备,需要从不同的教学内容与任务出发,收集各种资料,进而进行整理与设计,制作出符合学生的、真实的多媒体课件。

学生的阅读对象不仅包含文字与图片,还包含大量的音频、视频、动画等资料。多媒体课件以鲜明的特点、丰富的资源、生动的情境等,将学生的主体性调动起来,让学生在学习中真正成为信息加工的主体。教师在设计教学内容时,可以将电脑、音响等设备利用起来,对学生的多种感官进行刺激,加深他们对知识的理解。

对多媒体课件进行合理的利用,有助于调动学生的多种感官,促进大学英语多模态交互教学,激发学生的学习兴趣与积极性,为他们营造良好的氛围。

(二)建设多模态化英语网络空间

随着网络技术与大数据技术的不断发展,当前我们的"信息高速公路""论坛""校园网"等日益丰富,也被人们熟知,显然,网络时代与大数据时代已经到来。当前,各高校开始对自己的网络空间进行构建。网络空间教学指的就是师生运用网络平台,展开师生交互活动。他们可以在网络平台上创设实名认证的空间页面,师生在空间平台上进行学习和互动交流。2015年,河南牧业经济学院创建了网络教学平台系统,这一系统是在Sakai教学平台的基础上研发的远程教学系统,该系统采用"引领式再现学习"的理念,通过课程空间、课程大纲与资源、论坛等形式,在师生与学习内容之间建构多元化的交互渠道,将学生的多个感官激发出来,为学生创设一个真实的虚拟课堂体验环境,从而有效地实施多模态交互教学(丁明明,2018)。

实施英语网络空间教学之后,师生之间可以摆脱时空的限制与障碍,在即时问答、论坛等多个项目下展开有效的互动,这样不仅加深了教师对学生的了解,还能够使彼此的关系更为融洽。通过网络空间,教师可以批改学生的作业,学生也能够在规定时间内随时将自己的作业提交上去,实现作业的先交先改、及时反馈。这不仅节省了纸张,还为师生提供了一个互动的平台。

当然,网络空间平台发挥作用的关键在于学生能够积极参与,学生需要登录到网络空间中完成作业、书写心得,也可以为其他伙伴分享自己的学习音频、视频等资料,这就让学生真正地成为学习的主体。在网络空间平台上,学生将自己的感官调动起来,激发自己学习英语的兴趣,提升自己的学习效果,实现自己的有效学习目的,这也是多模态交互教学有效实施的体现。

此外,网络空间还可以实现资源的共享,最大限度地将英语教育资源呈现出来,实现在线网络授课,所有的教学过程也可以在网络空间得以公开,这能够激发教师的创新意识,真正地实现大学英语教学的全方位改革,促进每一位教师努力建设好自己的教学空间,加强教师与教师之间的竞争,实现师生之间、教师与教师之间的活动。在大学英语教学中,应该营造多模态网络空间,将多模态网络空间教学的效果发挥出来,对多模态网络空间教学活动进行优化,遵循其自身的教学特点,顺利实现大数据驱动下大学英语多模态交互教学。

第二节 慕课与微课教学

一、慕课教学

(一)慕课教学的内涵

慕课英文简称为 MOOC,全称是"大规模在线开放课程

（Massive Open Online Courses）"。慕课教学源于美国，在短短数年间，被全世界广泛运用。慕课这一模式是具有分享与协作精神的个人组织而成，将优异课程予以上传，让世界各地的人们可以下载与学习。

从形式上说，慕课教学就是将教学制成数字化的资源，并通过互联网来教与学的一种开放环境。本质上看，慕课教学是一种与传统课堂相对的课堂形式，因为其基于互联网环境而发送数字化资源，实施的是线上教学。学生完成了网上课程学习之后，通过在线测试，可以获得证书或证明。

一般情况下，慕课教学的要素包含如下四点：具有完整的教学视频，并且一般时间设置为6—10分钟；具有完善的在线考试体系，往往可以实现过程考核与个性考核；具有一定量的开放性话题，可以集中学生的学习兴趣与积极性；具有PPT、电子参考教材、模拟试题与解析等其他辅助资源。

基于这些要素，慕课教学需要教师与学生之间的互动，如教师对信息的发布、回答学生问题等。慕课教学本身为学生提供了学习的数据，教师和学生都可以通过书，对学习状态进行分析，从而改善自身的学习情况。

(二)大学英语慕课教学的意义

英语慕课教学在英语教学中的运用必然会导致教学方式与理念的变革。这就是说，慕课教学对当前的英语教学具有重大的作用，具体表现如下。

1.真正实现了教学针对性

基于传统的英语教学模式，大学英语教学常采用大班授课的方式，由于教师面临的学生众多，很难详细了解学生的个体情况，更难以开展有针对性的教学，对此教师不得不以单一的标准进行统一授课，从而限制了学生的个体发展。而慕课教学模式有效解决了这一问题，由于慕课关注学生个人诉求，通过慕课教学，学生可以根据自己的爱好、学习水平等选择适合自己的学习内容,真正实现了教学针对性。

2. 凸显学生的主体地位

慕课要求学生在上课之前就完成相应的预习,在上课过程中由教师来答疑解惑,课后要求学生完成相应的巩固练习,无论是课前还是课后的作业都进行量化,计入总分。慕课课中教学模式改变了传统课堂教学中师生角色,教师不再霸占整个课堂,而是成为学生学习的引导者和帮助者;学生不再是被动的接受者,而成为教学的主体,在各种作业的推动下,学生积极探索,变为主动的学习者,学习的参与度也显著提高。

3. 让学生能够充分利用碎片化时间

慕课教学的视频一般时间不会太长,多在10—15分钟,短时间的学习能够使学生集中注意力,高效率地进行学习。慕课教学模式不存在时空的限制,学生可以自主地安排学习进度,充分利用碎片化时间,对于不理解的知识内容可以反复观看视频学习,最大限度地利用教学视频。

4. 为学生营造良好的学习环境

良好的英语学习环境能显著地提升学生的英语学习效率,但是目前的大学英语教学中仍缺乏有利于学生学习的英语环境,这对学生学习效率的提高起到了阻碍作用。而英语慕课教学模式可有效弥补大学英语教学的不足之处。慕课的应用依赖于互联网技术,具有很强的交互性,在慕课学习中,学生和教师能够随时随地沟通,双方的交流不受时间和空间的限制,而学生与学生之间也可以彼此交流和分享学习经验,进行合作学习。此外,通过慕课学习,学生可以与世界任何地方的学生聚集在一起学习英语,相互之间交流和讨论,不仅能营造良好的英语学习氛围,还能接触地道的英语,提高跨文化交际和综合英语素质。

（三）大学英语慕课教学的构建策略

一般来说，在大学英语教学中，慕课教学往往会通过如下几个步骤来展开。

1. 重构课程模式

基于慕课的大学英语教学属于在线教学模式，有着传统英语教学没有的优势，但本身也存在一些无法避免的缺陷，如师生之间无法面对面交流，这使得教师无法分辨学生的情况，也不可能彻底做到因材施教，只能根据大部分学生的学习情况来讲解内容。这就使得慕课教学要与传统教学有机结合，采取优势互补的方式重构英语课程教学模式，实现二者的资源整合，提高大学英语教学效果。

两种教学模式有效结合的方式是教师以传统的课堂教学为主、慕课英语教学为辅的形式开展教学，以课本的知识为主要内容，同时辅以慕课教学模式，充分利用慕课所拥有的海量教学资源进一步丰富教学内容，对课本知识进行延展，使学生根据自身的实际情况进行自主学习，扩展知识面。在教学中，要将学生置于课堂教学的主体位置，进行师生之间的活动，针对学生的具体问题进行解答，帮助学生理解和学习。在课下，教师可以通过慕课平台对学生进行知识的拓展和补充，满足学生不同层次的需求。此外，教师可以通过慕课模式布置课后作业，并通过网络实时监控学生的完成情况。

2. 科学制作教学视频

慕课是通过视频来传达内容的，所以教学视频是慕课教学的基础与核心，教学视频的质量直接关系着慕课教学的最终效果。对此，教师在运用慕课进行大学英语教学时，应针对学科的特点，精心地制作视频，不仅要控制好视频的长度，同时要科学、精致地安排视频内容。对于视频的长度，通常维持在10分钟左右，视频时间太短将无法充分展现教学内容,视频时间过长则会使学生产生倦怠心理。教学视频贯穿于慕课教学的始终,课前通过慕课视频使学生提出疑问,提高课堂教学的针对性;课中可用慕课视频加强学生的理解和记忆;课后让学生通过慕课视频加以复习和巩固。慕课视频的内容要具有针对性,突出教学的重点和难点,使学生进行有针对性的学习。

3. 教师积极发挥作用

慕课在大学英语教学中的作用不言而喻,但是慕课教学模式尚有待完善,需要教师参与相关的培训,而且学生水平各有差异,需要教师实施有针对性的教学。因此,在慕课教学模式中,教师依然扮演着很重要的角色。首先,教师应该积极探索能够激发学生主动性和积极性的慕课课件。其次,教师需要对学生的基本情况有一个清晰的了解,保证慕课课件能够被大多数学生理解和把握。最后,教师还需要了解不同学生的自主学习能力,锻炼学生的心理素质,使他们尽快适应新兴的教学模式。

二、微课教学

(一)微课教学的内涵

关于"微课",目前还未形成一个统一的概念,下面介绍一些有代表性的关于微课的观点。

最早提出"微课"这一概念的学者胡铁生,他通过借鉴慕课的定义,认为微课即微课程的简称,即以微型视频作为载体,对某一学科的重难点等教学知识点与教学环节来设计一个情境,且支持多种学习方式的网络课程。

之后,胡铁生又对这一观点进行了改进,认为微课是根据新课程标准及课堂教学的实际情况,以教学视频作为载体,对教师在课堂中针对某一知识点或教学环节而展开的精彩教学活动的有机结合体。

郑小军、张霞则认为,微课不等同于课堂上的实录,而是从某个重难点出发创作的视频,即微课聚焦了重难点问题,且将那些有干扰的信息排除掉。

上述众多学者的概念是非常具有针对性的,且一定程度上将微课的特征反映出来。本书作者对于胡铁生的定义更为推崇,认为从本质上说,微课是一种支持教与学的微型课程。

（二）大学英语微课教学的意义

在大学英语教学中运用微课开展教学,可以为学生创造直观而且优良的教学环境,能让学生将全部精力放在英语学习上,对于英语教学而言意义重大。具体而言,微课在大学英语教学中所发挥的作用体现在以下几个方面。

1. 顺应了时代发展要求

互联网技术的发展,使得人们更加方便地获取和接收信息。随着互联网进入微时代,微视频、微信、微博等逐渐兴起,并成为人们日常生活中的重要部分。就教学而言,学生对手机的关注多于对课本的关注,教师传统的对段落和知识点的讲解方式只会让学生觉得枯燥乏味,对此有些学生甚至不带课本,而是随身携带手机等工具上课。在信息化时代,学生更能接受数字信息化的学习模式,偏向于既简单通俗又富有趣味性的知识信息,而微课作为信息技术发展和教学改革的产物,能有效满足学生的这种学习心理,对于激发学生的学习兴趣发挥着重要作用。

2. 满足不同层次的学习需求

教师在使用微课教学时,会将微视频上传到微信或者QQ等平台上供学生分享,此时那些在课堂上没有记笔记或者存在理解障碍的学生可以根据需要反复观看视频内容,温习所学内容,进而加深和巩固所学内容。

3. 推动了教学模式改革

教育改革的推进深受新型教育模式的影响,大学英语教学改革也在这种模式的推动下不断深化。传统的大学英语教学模式的形式陈旧单一,无法满足学生的需求,也无法适应当代社会的需求。通常是一节课中课程讲授量大,往往会超出学生的接受限度,学生多感觉课堂教学无聊乏味,如果使用微信或者QQ发布英语知识点讲解,则会更加受欢迎,因此微课是当代创新性的教学方式,属于知识的传递者,能够满足学生的具体需求。将微课教学运用于大学英语教学,可以加速教学改革,更新教师的教学结构和教学理念,使教师顺应时代的发展和学生的需求,也能让英语教学跟上时代发展的步伐。此外,微课推动着大学英语课程内容和体系的改革,微课通过时代信息技术,整合教学资源,可以扩大教学途径,转换学习视角,丰富教学资源,改革课程体系。

4. 培养学生的自主探究能力

培养学生的自主探究能力是大学英语教学的重要任务之一,因此在大学英语教学中,教师应注重培养学生的这一能力。而有效利用网络和微课教学的优势,可显著提高学生的自主探究意识和能力。具体而言,教师在向学生讲解英语课文时,可结合教学中重点内容和课文中出现的不同角色,先播放相关的视频让学生观看,然后对他们进行分组,让学生以小组为单位讨论课文内容,并进行创意表演。通过这一过程,学生积极性不仅被调动起来了,还能积极自主探究学习内容,加深和巩固对课文内容的理解。

5. 创新新型的师生关系

在大学英语课堂教学中,教师普遍使用多媒体进行教学,就是以书本内容为核心,以PPT的形式讲解课文知识。受课堂时间的限制,教师在讲解过程中语速较快,模式单一,大多数学生未能完全掌握课堂知识,而且对课堂教学缺乏兴趣,因此教学效果往往不佳。而在微课教学中,教师的角色发生了变化,教师不仅是传授者,也是解惑者和引导者,除了向学生提供学习资源,还会指导学生有效学习,满足学生不同层次的个性需求,这有利于改善师生的紧张关系,拉近师生之间的距离。

(三)大学英语微课教学的构建策略

从当前的文化教学实践分析,微课教学有着广阔的前景。虽然英语文化教学中微课教学的设计是当前关注的问题,但是也不能忽视英语文化教学中微课教学的实施。

1. 构建微课学习平台

英语文化教学中微课教学主要是基于视频建构起来的,同时需要互动答疑、微练习等辅助的模块,这些在之前的英语微课教学的构成中有详细提及。但是这些模块的构建对于学生文化学习兴趣的提升、教师信息化应用能力的提高等都是十分有帮助的。在这之中,微慕课平台是一个较为创新的平台,即运用微课教学展现慕课教学的专业化与系统性。这一平台结构更为灵活、知识含量更高,是一个较好的平台。

2. 开发与共享微课资源

当前的英语文化教学中教学资源设置不平衡现象凸显,而微课教学的出现,使得教学资源可以通过互联网传送到各个地方,便于各个地方及时更新与推进,实现真正的资源共享。

3. 提升微课的录制技术

英语文化教学中微课教学要求录制技术较高,且尽可能保证简单化,使教师便于执行,同时不断提升自身的录制技术。

另外,微课视频研发人员也应该不断对技术进行提升,追求卓越的技术,使得英语文化教学中微课教学的实施得到更大范围的推广。

第三节　翻转课堂教学

一、翻转课堂教学的内涵

关于翻转课堂，大家对其最朴素的解释就是，将传统的课堂学习和课后作业的顺序进行颠倒，即将知识的吸收从课堂上迁移到课外，知识的内化则从课后转移到课堂，学生课前在网络课程资源和线上互动支持下开展个性化自学，课堂上则在教师引导下通过合作探究、练习巩固、反思总结、自主纠错等方式来实现知识内化。

随着教学过程的颠倒，教与学的流程、责任主体、师生角色、课内外任务安排、学习地点和备课方式等方面都发生了明显变化。与传统意义上的课堂教学结构相比，翻转课堂颠覆了人们对课堂模式的思维惯性，改变了学生学习流程，从新的角度揭示了课堂的新形式、新含义。有人认为，"翻转课堂"打破了持续几千年的教学结构，颠覆了人们头脑中对课堂的传统性理解，倡导先学后教、以学定教，赋予了学生学习更多的自主性和选择性，强化了师生之间的沟通与交流，实质是学生学习力解放的一次革命。这不仅契合了国家教育信息化发展规划指导思想的核心——创新学习方式和教学模式，它也因此被称为是传统教学模式的"破坏式创新"，成为信息技术与学习理论深度融合的典范。

二、大学英语翻转课堂教学的意义

翻转课堂教学为大学英语教学提供了新的平台，从本质上体现了英语教学改革的深化，帮助英语教学突破困境，为学生的英语学习提供便利。下面就具体分析大学英语翻转课堂教学的意义。

(一)使教学更加直观和简单

在传统的大学英语教学中,教师的教学内容主要是以课本为主,呈现方式也是以板书为主,这种教学方式对于学生来说不仅不够直观,还不利于理解相关知识。如果仅限于传统的课堂教学模式,根本无法有效培养学生的英语运用能力。翻转课堂通过借助多媒体技术,将相关的图片、音乐、视频等融入教学视频,使得原本晦涩难懂的英语知识变得直观和简单,也使得原本沉闷的课堂教学变得生动活泼。

(二)使教学更具多样性和趣味性

用于翻转课堂的教学视频的制作对教师的专业能力有着很高的要求,要求教师所制作的视频内容简洁、形式多样、幽默丰富等。基于这些要求和特点,翻转课堂有效增添了大学英语教学的趣味性,不仅能创造良好的学习环境,还能有效激发学生的学习兴趣。此外,很多的翻转课堂教学视频涉及的内容十分广泛,包括英语音乐、英文电影、英语小说等,这些内容与课程教学息息相关,使得教学形式生动形象,更加多样化。

(三)能够提升学生的主动意识

在翻转课堂教学中,师生之间的互动频繁,学生的主观能动性被充分调动,学生掌握着学习的主动权。基于翻转课堂教学模式,学生可以根据教师提供的资源先进行自主学习,还可以在课堂上与教师展开学习方面的探讨,进一步深化与掌握知识内容,这有效体现了学生的主体地位,而且淡化了对教师的依赖性。

(四)加深了学生之间的互动

翻转课堂改变了传统教学模式中师生之间的相处方式,翻转课堂中,教师与学生之间形成了一对一的交流。如果学生对某一知识点存在质疑,那么教师可以将这些学生集中起来,对他们进行特别指导。另外,在翻转课堂中,教师不再是学生知识的唯一来源,学生与学生之间还可以进行互动学习。

(五)能够使学生反复学习

在传统的大学英语教学中,教师不可能兼顾所有学生的需求和感受,只能按照教学大纲要求和按步骤统一进行授课,这就会使部分学生跟不上教师的节奏,无法有效掌握课堂教学内容。而翻转课堂教学可以有效解决这一问题,在翻转课堂中,学生可以随时暂停、重放视频,直到自己看懂、理解为止。

三、大学英语翻转课堂教学的构建策略

翻转课堂作为一种颠覆传统课堂的教学模式,其教学设计过程当然不同于传统教学设计过程。目前国内外出现了各种各样的翻转课堂教学,它们都建立在课程资源、教学活动、教学评价和支撑环境这些要素的基础之上,因而翻转课堂教学的设计亦以此为依据。

(一)设计英语教学过程

美国创新学习研究所(Innovative Learning Institute,ILI)提出了翻转课堂设计流程。ILI认为,翻转课堂的设计过程主要包括确定学生课外学习目标、选择翻转内容、选择传递方式、准备教学资源、确定课内学习目标、选择评价方式、设计教学活动、辅导学生八个主要环节。

1. 确定学生课外学习目标

英语文化教学中翻转课堂教学过程的设计首先要确定学生的学习目标。翻转课堂使得课内教学和课外教学进行了颠倒,学生总共需要完成两次知识内化过程,第一次知识内化是在课外自主学习新知识,第二次知识内化是在课内完成的。显然,课内和

课外对学生的要求是不同的,学生需要在课内外实现不同的学习目标。

2. 选择翻转内容

当确定了翻转课堂的课外学习目标后,就要结合学生本身的认知规律和特点去选择课外自主学习的合适内容。课外学习目标主要是低阶思维的目标。

3. 选择内容传递方式

选择内容传递方式是指确定学生的自主学习内容通过什么媒体工具表现出来。教师要结合特有的接收设备情况、学习者的地理位置、学习内容的形式和资源大小等因素,选择学生开展个性化学习、传递内容形式丰富、传递速度快、获取方便的内容传递方式。

4. 准备教学资源

在确定了学习内容及其传递方式后,就可以收集相关的网络学习资源供学生学习,或者开始制作、开发新的相应的学习资源。在该环节中需注意,无论是利用已有的学习资源还是自己开发新的学习资源,均需与先前确定的学习内容保持一致,并且资源的形式、大小等要求也需和传递工具相匹配。

5. 确定学生课内学习目标

第一环节确定的是课外学习目标,是针对低阶思维技能的学习目标;本环节确定的是课内学习目标,是针对分析、评估和创造等高阶思维技能的目标。因为在课外学生能参与的更多是培养其识记、理解和应用等的学习内容,而在课内学生是通过与同伴和教师面对面地交流、讨论和开展协作探究等活动。所以,这一环节的学习目标与第一环节的学习目标有所不同。

6. 选择评价方式

在教学正式进行前,教学中的主体者和主导者,即学生和教师都要对课堂教学活动提前做好充分的准备。对于教师而言,选择一种合适的评价方式非常重要。低风险的评价方式应该是教师的理想选择,它是指不对学生的评价结果进行分数、等级的评比,而仅作为发现学生学习问题的一种教学评测方式。通过低风险的评价方式,教师可以发现学生学习真正的难点,以便教师和学生调整教学计划和学习计划。低风险的评价方式有很多,其中一种就是常用的课前小测验,这些小测验的题目量并不多,一般只有3—4个问题,针对的内容是学生在课外自主学习的内容,其不仅仅是检测学生在课前学习的事实性知识,更重要的是为学生提供一个综合应用所学知识的机会。通过课前小测验,教师能及时地把测验中出现的问题反馈给学生,学生也可以向教师提出自身遇到的问题,并通过与教师交流促进问题的解决。

7. 设计教学活动

如前所述,课外的学习内容和活动主要帮助学生解决识记、理解类的知识,在课内则是帮助学生解决学习难点,并充分应用所学知识,学习更深层次的内容。当通过课前评价了解到学生真正的学习难点后,教师需针对性地设计具有导向性的课堂教学活动,以便更好地培养其分析、评估和创造等高阶能力,可采用如基于项目的学习、基于问题的学习、协作探究学习等形式。

8. 辅导学生

教师作为教学的主导者,在各种形式的教学活动中都要充分发挥自身的主导作用,只有这样才能取得良好的教学效果。具体而言,在学生进行教学活动时,教师需提供相应的脚手架,为学生更好地开展活动提供必要的支持。另外,在必要的时候,教师还应该为某些理解学习内容和活动有困难的学生提供个性化的辅导。在整个学习活动中,教师需对提出疑问的学生给予及时的反馈,在学生汇报学习成果或学习结束后,教师要进行统一的总结反馈,以促进学生进行知识的内化和升华。

(二)开发英语教学资源

1. 支持信息化教学资源

广义的教学资源是指用于教与学过程的设备和材料,以及人员、预算和设施,包括能帮助个人有效学习和操作的任何东西。而随着信息技术的发展,信息化教学资源的概念就出现了,它是指在以网络和计算机为主要特征的信息技术环境下,为教学目标而专门设计的或者能为教育目标服务的各种资源,包括教育环境资源、教育人力资源和教育信息资源。

随着信息化资源的发展与教育应用,翻转课堂教学理念才得以提出。从上述翻转课堂的完整过程可知,支持翻转课堂需要用到的信息化教学资源主要包括教学视频、进阶练习、学习任务单、知识地图和学习管理系统五大类。

翻转课堂教学的实施,不仅需要上述教学资源作为主要资源,还需要借助一定的教学辅助工具软件,该类教学资源几乎贯穿于翻转课堂的全过程,其作用主要是帮助教师进行教学视频的制作、师生间开展交流协作、学生学习成果的展示等。按照作用于翻转课堂教学开展过程中的不同方面,可以将教学辅助工具分为视频制作工具、交流讨论工具、成果展示工具和协作探究工具四类。

2. 遵循资源选择的基本原则

翻转课堂的资源包括教学视频、进阶练习、学习任务单、知识地图、学习管理系统和各类教学辅助工具等。每一类资源都不是完美的,不存在放之四海而皆准的资源。每类资源都各具特点,并且每类资源可供选择的具体资源种类、载体类型众多,因此教师应根据教学实际需要选择合适的翻转课堂的教学资源。一般而言,翻转课堂教学资源的选择需遵循最优选择原则、具有较强兼容性、多种媒体组合。

最优选择原则是指教师根据教学内容和教学目标的要求,选择存储和传递相应教学信息并能直接介入教学活动过程中的载体,就是选择教学资源。

具有较强兼容性是指当众多便携式的移动智能终端在大学英语教学中广泛应用以后,大学英语教学不仅变得更加高效,还发生了一场变革。在这种情形下,翻转课堂理念变得普及起来,翻转课堂的应用也得以在大范围内开展。翻转课堂实施的普遍现象是,学生利用各类移动设备,如平板电脑、智能手机等进行课外自主学习,课内教师利用移动终端设备进行授课。因此,资源载体的改变,迫使资源的形式也做出相应的改变,要求其必须兼容各类学习终端设备,在各类终端设备中都能流畅运行。

多种媒体组合是指翻转课堂教学真正做到了以学习者为中心,这对后期的教学资源的选择有一定的指导作用。在选择教学资源时,教师应该考虑学生的兴趣、生活现实,尽可能选择丰富的教学资源形式,即有机结合文字、图片、声音、视频、动画等多种媒体形式。

(三)设计英语教学活动

根据前面所述的翻转课堂的完整过程,翻转课堂教学活动设计包括课外活动设计和课内活动设计两个部分。

1.设计课外学习活动

翻转课堂的课外学习活动一般属于线上活动,主要包括以下三类。

(1)在线学习。在课外,学生通过阅读相关的电子书籍、资料或观看教师提前准备好的讲授视频,掌握并理解课程中重要的信息。在线学习主要有阅读电子教材和观看教学视频两种形式。

有时为了加深学生对信息的理解,在线学习的材料还附加一些引导性问题、反思性问题、注释、小测验等,用于辅助学生进行自主学习。

（2）交流讨论。通过在学习管理系统中开辟一个专门的讨论区,或借助专门的在线交流工具,教师和学生以课外学习内容为主题展开交流和讨论。讨论主题既可以是教师预设的,也可以由学生创设。这样,一种师生在线辅导和生生自组织学习的学习模式就形成了。借助这种学习模式,学生掌握学习内容的速度较快,并且掌握的层次较深,从而为课内的学习活动做好准备。

（3）在线测评。在学生完成了新知识学习的任务后,可以进行在线测评。在线测评一般采用低风险、形成性的评价方式,不仅检验了学生的学习成果,还提供一个学生反馈问题的机会。通过在线测评,教师和学生在课内教学活动开展前针对问题提前做好准备。

2. 设计课内学习活动

根据翻转课堂的特点,影响翻转课堂教学效果的最大因素是如何通过课堂活动设计完成知识内化的过程。在设计课堂活动时,关键要看情境、协作、会话等要素是否有利于学生主体性的发挥,从而促进学生达到高阶思维能力的目标。课内学习活动一般可以分为个体学习活动和小组学习活动。

第四节 线上线下混合式教学

一、线上线下混合式教学的内涵

大数据技术在教育领域广泛应用的大环境下,"教师主导+学生主体"的教学模式在许多院校盛行。在如今智能手机、平板电

第四章 大数据驱动下大学英语教学模式的革新

脑、网络为时代印记的新技术的时代下,教学模式不仅要求灵活运用以教为主的教学策略和以学为主的学习方式,同时需要整合各种教学资源,要求教师进行相应的角色转变。

依据建构主义、情感过滤假设理论为基础,结合教学实际,从语言知识、语言技能、情感态度、文化意识、学习策略五个维度综合考虑构建了适用于高校的移动平台翻转课堂授课、线上交互式数字课程学习、线下模拟场景实践、过程性与终结性评价结合的四位一体混合式教学模式,并制订了基于网络交互式教学平台的混合式大学英语教学模式图(图4-1)。

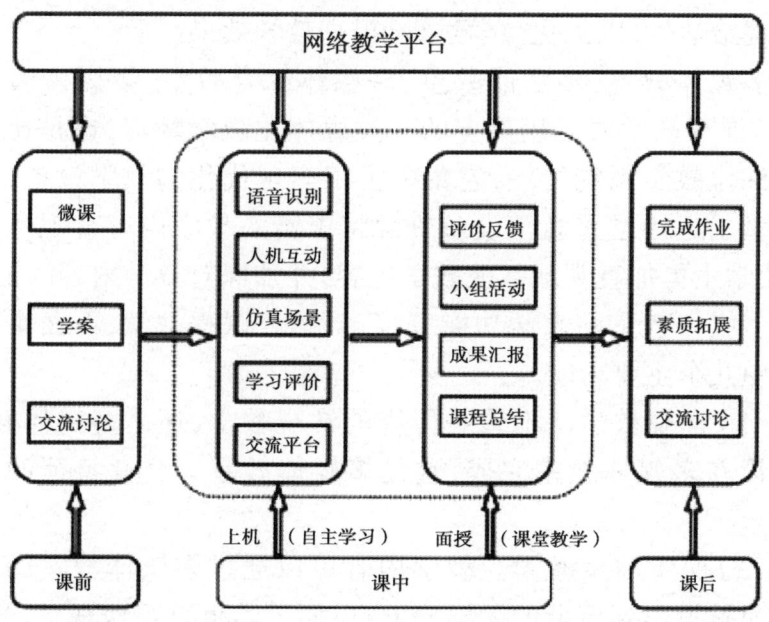

图4-1 混合式大学英语教学模式

从图4-1中,我们可以看到,在这个教学的过程中,教师在教学环节中不再是过去的讲授者或灌输者,而转变为一个帮助者和支持者,教师在课前和课后的准备工作及评价工作中的功能远大于过去,而学生在课前、课中、课后均为学习的主体,这与过去的"教师讲、学生听"教学模式有了很大的不同。

二、大学英语线上线下混合式教学的要素

（一）教学环境

1. 创建媒体化课程教学环境

将媒体化教学环境应用于课程教学中具有重要意义，在课程教学中，以传统教室为基础，有机组合诸多类型的教学媒体，通过屏幕投影将生动形象的多媒体教学信息如图片、视频、音频等直观呈现给学生，以优化教学过程，提高教学效果。

多媒体教室（多功能教室、多媒体综合教室、多媒体演示教室）是课程教学中运用最多的一类媒体化教学环境，也是比较新型的课堂教学系统之一，它集中了很多现代化的教学设备，教师在课堂上运用这些教学设备资源将丰富的教学内容直观呈现出来，使学生更加直观地掌握教学内容，并加深对教学内容的记忆。

多媒体教室的教学功能有很多，结合课程教学，下面主要列举其中几个主要功能。

（1）常规教学。不管是传统的常规教学，还是多媒体教学，都可以在多媒体教室完成，这是多媒体教室综合性特征的重要体现。

（2）课堂演示教学。教学内容可以通过多媒体教室的教学设备而被投影到清晰的大屏幕上，以便于学生直观地观察、学习，比赛场景或某个具体的项目动作等也可以通过多媒体系统来模拟演示。

教师通过这种方法直观明了地向学生传递教学信息，学生的感官受到刺激，学习兴趣自然就会提升，课堂教学效果与教学质量也会因此而得到改善。

（3）对教学信息与资料进行搜索。学校的多媒体教室一般都是连接网络的，有的还与校园网相连，教师可以在课堂教学中

根据教学需要直接搜索所需资料,这能够为教师的教学活动与学生的学习活动提供便利,节约课堂时间,提高课堂教学效率。

(4)各种教学课件和软件的播放。教师可利用多媒体教学设备播放提前已经准备好的多媒体教学软件(录音带、VCD、CD光盘等),从而使课堂教学效果得到强化与优化。

2. 创建网络化课程教学环境

信息化教学的开展离不开网络化教学环境的支持。教师将网络通信技术、计算机技术充分利用起来,通过文本、信息交互技术、影像等丰富的信息媒体资源而向学生传递重要的教学信息与资源,以促进学生更好地进行自主学习与合作学习,提高课堂双向互动交流的效率和学生的学习效率。常见的网络化教学环境主要有多媒体网络教室、校园网、网络教学平台、远程教育网等。下面结合课程教学主要分析多媒体网络教室与校园网。

目前来看,多媒体网络教室(多媒体网络机房、计算机网络教室)作为一种新兴网络教学系统,在我国各类学校的应用非常广泛,大中小学普遍都会用到多媒体网络教室。多媒体网络教室属于小型教学网络,由若干台多媒体计算机及相关网络设备互联而成,可以将其作为计算机机房使用,也可以作为多媒体演示室、视听室、语音室使用,这是多媒体网络教室的功能及应用形态的主要表现。要使用多媒体网络教室,必然离不开现代网络技术和多媒体技术的支持。多媒体网络教室在课程教学中的具体应用及功效主要表现在以下几个方面。

优化教学结构,使学生有更多的实践机会。在课堂教学中,多媒体网络教室的软件可作为辅助教学手段,如教师口头讲解时,可用语音对话,示范动作时,可播放图片或视频,使学生看得更清楚一些。多媒体网络教室的设备还有监控功能,当学生自主学习时,教师可以检查学生的学习情况,发现其中的问题,从而对教学过程进行更合理的调控。学生如果在听讲或自主学习中有疑问,可利用电子举手功能向教师提问。教师可以利用辅导答疑功能来对学生进行个别指导,有针对性地解决学生在学习中的个别问题。另外,教师还可以组织学生交流经验,讨论问题,对于普遍存在的共性问题,集体处理。这样可以在一个整体的系统中将诸多环节联系起来,使课堂教学结构更加优化,而且学生在交互式的环境下有更多的机会去实践,学习效果会有所提高。

(1)丰富教学内容,提高课堂效率。教师制作多媒体课件,要以教学目标、教学内容及教学需要等为依据而进行,在课件制作中分类建库,分类储备各种教学资料,如教案、图片、实验用具等,以便在课堂教学中快速调用这些准备好的资源。多媒体网络教室集图书室、资料室、实验室于一体,与互联网连接,在课堂教学中教师可以获得教学所需的资源信息或校园网上的共享资源,借助丰富的教学资源来创设教学情境,使教学时空进一步拓宽,这也有助于良好课堂氛围的营造,既轻松愉悦,又保持适度的紧张。学生利用学习机也可以实现学习资源的共享,在获得这些资源的基础上充分发挥主体作用。这种教学方式具有高密度、高效率的优势,可促进课堂教学效率的提高。

(2)丰富教学内容的表现形式。多媒体信息符号的表现形式有很多,如文本、图形、图像、动画、音频、视频等形式都很常见,这些常见的信息形式经过计算机的集成处理构成了多媒体信息结合体。在网络教室环境中可以用很多种形式来呈现多媒体信息,教师要选择最适合、最有效的表现形式来传授教学内容,可以单独使用某种表现形式来传递信息,也可以将多种表现形式结合起来传递教学信息,从而达到抽象理论具象化、静态知识动态化的效果,这有助于将学生的学习兴趣激发出来,对学生的学习能力及多元智能进行培养。

(3)可优化组合多种教学形式。在课程教学中,教师可将本校服务器中的多媒体教学软件结合起来进行全面教学,学生在自主学习中也可以对学校服务器中的学习资源自由访问,提高自主学习能力。另外,教师、学生查询与运用网上资源都可以达到实时性的效果,这有助于师生之间以某个特定主题或教学任务为中心而展开互动,通过讨论室进行讨论,从而快速完成教学任务,使学生全面理解问题,这也为课堂中小组合作学习、自主探究学习以及讨论协商学习等多种学习形式的优化组合运用提供了方便。

(二)教学内容

1. 创设情境,使学生在真实情境中掌握和运用知识

在传统英语教学中,往往从具体情境中将英语知识抽离出来,抽离出来的知识是抽象性、概括性的,虽然这样可以将具体情境中的"本质"内容(概念、规则、原理等)体现出来,但知识运用的具体性与情境性却被忽视了,这样学生虽然掌握了知识,却在具体的任务情境中或遇到现实问题时无法运用所学知识,学习结果无法顺利迁移到现实中。要使学习者在建构层面掌握所学知识,即不仅掌握知识的表面,也深刻理解知识表面所隐含的性质、规律及相关关系,最好为学习者创造真实或接近真实的情境,使学习者在亲身参与中去感受、体会,获取直接经验,而不是从教师的口头讲解中去获取。

对此,在信息化英语教学设计中,英语教师要注重对真实问题情境的创设或对真实任务的设计,使学习者尽可能在真实的情境中完成所有学习活动。这里要注意一点,真实情境与现实情境不同,不一定要真实客观存在,情境有很多种类型,如基于学校的情境、基于自然或社会生活的情境;想象虚拟的情境、真实现实的情境等,在英语课堂教学中不管是创设哪种类型的情境,都只有一个原则,就是使学习者能够经历类似于真实世界的认知挑战。

2. 利用学习资源为学生的自主学习和协作学习提供支持

在信息化英语课程教学设计中,要将丰富多彩的信息化学习资源提供给学生,并在学生获取学习资源、分析处理学习资源、编辑加工学习资源的过程中提供引导与帮助,从而为学生的探索学习、分析解决学习中的问题提供支持。有些学生对信息化学习

资源不熟悉,也不习惯运用,对此,教师要加强对信息化资源的普及,不断鼓励学生使用信息化资源,使学生充分认识到这些学习资源给其自主学习带来的便捷与好处,然后借助现代信息化学习资源来更好地进行自主学习、合作学习。

3. 为学生提供有效引导、支持

信息化英语课程教学设计强调学习者充分发挥自身的主体作用,主动学习、主动探索,但因为学习者的知识结构还比较单一,认识水平还比较低,也缺乏实践经验,所以在学生自主学习的过程中,教师也要适当地进行指导,在关键时刻给予帮助,如为学生提供丰富的学习资源、反复示范正确的技术动作、为学生提供咨询服务、创设问题情境启发学生思考与探索等,对于那些自我调控能力差的学生,尤其要给予引导和帮助,以免学生因不熟悉新的内容或在学习中受挫而消极被动学习,影响学习效果。

4. 强调协作学习

信息化英语课程教学设计强调英语教师要重视设计协作学习方式,具体包括学生之间的协作、师生之间的协作、学生与他人之间的协作、各主体之间面对面的协作以及在计算机信息技术支持下的信息化协作等。协作学习不仅是学习者发展的需要,也是社会发展的需要,因此信息化教学设计特别强调协作学习。现在,社会分工的细化趋势越来越明显,知识增长也极为迅速,需要协作配合才能完成的工作越来越多,所以在现代人才的评价中,将协作意识与合作能力作为一个重要判断标准。

从学习者方面来看,不同的学习者有不同的成长经历和知识经验,面对同一知识或问题,不同学习者的理解可能不同,学习者个人的理解可能是存在局限性的,或者说比较片面、肤浅、不充分、不完善,也有可能就是错误的,而通过协作学习,学习者之间相互沟通交流,每个学习者充分表达自己的看法与见解,同时听取他人的不同看法,在这个过程中学会聆听、接纳、互助、共享,在不同观点的碰撞中更好地理解知识与问题,这时的理解比之前个人的理解更充分、全面、完善、深刻。

5. 在学习和研究活动中将"解决问题"和"任务驱动"作为主线

信息化英语课程教学设计强调不要将学习孤立看待,而要将其与更多的问题、任务联系起来,以"解决问题"和"任务驱动"为主线进行学习,学习者主动投入真实的问题情境或人物情境中,以完成学习任务,解决学习问题。英语教师在信息化教学设计中要多鼓励学生结合现实生活探究学习相关问题,将学习者的高水平思维激发出来,培养学生的高级思维能力。很多学习任务与学习问题背后都隐含着丰富的知识与技能,学生在自主学习或合作学习中探索这些知识与技能,在探索中逐渐掌握并学会运用,这有助于提高学生的探索能力。

6. 强调面向学习过程的质量评价

传统英语教学设计习惯上将简单的知识与技能作为评价学生学习成果的唯一标准,这在信息化英语教学设计中是不允许的。信息化英语教学设计强调在英语教学评价中应将师生在课程教学中的所有情况都考虑在内,强调在真实的评价情境下进行评价,主张凡是具有教育意义的过程与结果,都应该对其进行恰当的评价,不论其是否符合预定目标。此外,信息化英语教学评价还强调对学生学习能力的评价,但不是通过学习结果来评价其学习能力,而是通过其在整个学习过程中的学习行为来评价其学习能力的变化发展,最后做一个评估报告,将此作为改进教学与进一步培育学生学习能力的依据。

三、大学英语线上线下混合式教学的步骤

线上线下混合式教学模式在英语文化教学中的应用大致分

为以下三个阶段。

（一）课前阶段

在基于线上线下混合式教学模式的英语教学中，教师在授课之前要针对具体的教学内容和学生的学习情况选择切合的课程资源，并且结合实际情况设计能够培养学生自主学习能力的学习任务，以充分利用教材和网络课程资源。例如，"朗文交互学习平台""新理念外语网络教学平台"等都是可实现师生交互的移动网络平台，通过这些平台，教师可以将教材中所涉及的学习计划、学习目标、学习重点、学习难点、学习主题等相应的预习内容和学习任务等，及时发到学生手中，学生可以根据任务的要求通过不同的方式，如个人独立思考、小组讨论等，有效地获取知识背景，高效地完成预习任务，在这一过程中，自主学习能力也会相应地提高。在这一阶段，教师可以利用自主式的学习平台，充分实现师生之间的互动，为学生提供有效的在线咨询，为学生答疑解惑，向学生提供有针对性的辅导和帮助，进而切实提高学生的自主探究精神和自主学习能力。

（二）课堂阶段

所谓线下，也就是课堂上的面授。在这一阶段，主要是通过课堂的教学平台和自主学习平台的相互融合，展开具有针对性的多媒体辅助教学。首先，教师根据学生对课前预习的完成情况进行检查和分析，重点指出相关问题。其次，运用多媒体创设富有情境化的教学内容，进一步提出问题，引发学生积极思考，进一步激发学生的探究意识。再次，教师结合教学实际情况和单元主题，设计相应的学习任务，鼓励学生积极讨论，也可以通过情景对话、角色扮演等方式，激发学生参与的积极性，促使学生主动参与课堂教学活动。最后，教师鼓励和引导学生进行总结和反思，可以让学生进行自评或学生之间进行互评，进而总结学习内容，激发学生的学习动机和自主探究精神，巩固学习知识，同时提升协作互助意识和英语应用能力。

（三）课后阶段

在课后阶段，教师可以通过线上线下混合教学模式进一步补充相应的学习材料，有效拓宽学生的视野，加深学生对所学知识的理解和掌握程度。在课后，学生也可以利用网络平台寻找相应的复习资料，进一步加深学习效果，增加练习的实践，扩大知识范围，更好地完成相应的学习任务。课后巩固延伸了课堂教学的空间，能够显著培养学生的自主学习能力，也能够为学生养成良好的终身学习习惯打好基础。

四、大学英语线上线下混合式教学的意义

（一）方便灵活

信息科技与互联网的发展及其所带来的便利，使得英语教学视频可以在网上广泛传播，多样化的视频教学形式，如专题讲解、碎片化学习、视听说一体的视频教学等教学形式开始出现，使得英语教学的灵活性大大提高。首先，学生可以通过网络方便快捷地获取多元化的教学资源，不受时间和空间的限制而进行碎片化的学习。其次，教师可以借助网络资源提升自身的专业素质和水平，从而开展形式灵活、多样化的优质教学，提高英语课堂教学效果。

（二）贴合需要

在大学英语教学中运用线上线下混合式教学模式，能有效加强学生的学习体验，提升学生的学习效率，而且切合学生的实际需求。首先，网上含有大量的英语教学视频，学生可以根据自身的水平和学习需求，自主选择优质课程，有针对性地利用教学资源。其次，通过线上线下混合式教学模式，学生可以获得丰富的学习体验，会形成自主探究的学习习惯，满足个性化发展需求。

（三）切入精准

相较于传统的教学模式，线上线下混合式教学模式切入点精准，在整体上能够扩展学习空间。该教学模式引发了教师主导的课堂格局的改变，通过丰富的线上资源来充实课堂内容，同时通过线下形式多样的个性化实践措施丰富学生的学习体验，进而精准地切入学生的爱好点，拓展学生的学习空间。将线上线下两种模式混合应用，能够有效改变教学的思路，切实优化教学质量。

五、大学英语线上线下混合式教学的构建策略

（一）带疑探究—讲授示范—动手操作型

（1）教师要根据课程教学的目标来找到一个或几个富有探索性的问题，然后将问题以适当的时机和方式向学生提出，并引导学生利用已有的信息技术找寻解决问题的方法。

（2）教师利用分解法，将问题由一分多，细致讲解每一个小问题，并进行必要的问题解决示范。

（3）学生通过教师的讲解与示范开始尝试解决问题，在这一过程中如果遇到新的问题便开始思考及向教师提出问题，得到解答后再行操作，直到问题得到解决，最终掌握了知识和技能。

（4）教师评价学生的学习表现，学生之间也要进行互评。

（二）任务驱动—协作学习型

（1）教师以教学内容中的重点和难点为依据，灵活设计信息技术的教学任务和目标。对于任务的设计要遵循由易到难、由简到繁、由外到内。

（2）教师给学生布置教学任务，然后让学生自由选择自己的合作伙伴来共同协作开展研究。学生在研究学习的过程中对所获得的一切信息和资料都要注重和同伴分享，一起讨论，一起研究。

（3）教师对学生的学习活动进行总结性评价。考察的重点在于学生对信息技术的应用能力。

（三）自主—监控型模式

自主—监控型模式的教学地点是在建立了网络的教室里。具体学习模式为，学生将教师提供的教学资源利用起来进行学习，教师则观察学生的学习过程。为了给学生创造良好的自由氛围，教师可在教室外通过监控观察。当教师发现学生在某环节中遇到问题，则应适当提供帮助。在自主—监控型模式中，学生可根据需要使用网络资源。自主—监控型模式的实施程序如下。

（1）教师根据教学目标对教材予以分析，然后以教师认为的最理想的方式向学生呈现教学内容。

（2）学生在接受了学习任务后，需利用相关资料或信息进行独立学习或协作学习。在此过程中，教师的任务是观察、监督，并在必要的时候提供适当的指导。

（3）教师对学生的学习活动进行总结性评价，总结评价具体到个人。

（四）群体—讲授型模式

群体—讲授型模式是面向多数人（通常为一个班）进行教学的模式。在这种模式下应用的信息技术只是作为一种教学手段出现。该模式的特点主要如下。

（1）集文字、图片、声音、图像等多媒体展现教学内容于一体，让学生对课堂教学活动有更为直观的认识和理解，而不再是过往的那种过于抽象的感觉。

（2）使用便捷、简单、易操作，能够将教学内容快速、及时地呈现出来，这无疑可以大大提高教学的效率。

（3）过往教学中那种宏观微观以及时间、空间等因素都不再成为限制，如此更加方便教师对教学重难点的把控与教学。

群体—讲授型模式的实施步骤如下。

（1）教师在备课阶段就要全面掌握教学内容，并对教学中需要的图片、视频等资料细致选择，对需要演示的课件要设计得当。

（2）教师努力创设教学情境，将教学信息展示给学生，引导学生思考。

（3）教师对教学活动做总结性评价。

（五）讨论型模式

讨论型模式是教师与学生通过网络进行的实时或非实时交流的一种教学模式。对于这种模式的应用，通常是由教师提出某一问题，然后由学生主要讨论问题。对于学生的讨论，教师要一一听取，这是了解学生学习思维和发现其中可能的问题的好机会。如果发现问题，教师要及时指导。这是一种对学生非常友好的教学模式，不过需要耗费一些时间，教学效率相对较低。该模式的基本步骤如下。

（1）教师根据教学目标对教材予以分析，然后以教师认为的最理想的方式向学生呈现课件或网页类的教学内容。

（2）学生接受任务后，由教师指导查阅资料或信息进行独立学习或合作学习。要确保在完成学习任务的过程中使用信息技术。

（3）教师要对学生的讨论予以总结，学生间也可以互评，当然也可以评价教师的一些观点。

在讨论型模式中，教师要始终尊重学生的主体作用，要允许学生发散思维，对学生的一些奇异思维不要打断，而要做到先倾听，这是鼓励他们尝试创新的良好开始。

（六）研究型课程

研究型课程与当下常见的科学研究的方法已经非常接近了。学生在这种模式的课程中利用信息技术作为工具来分析、归纳、整理各种资料，找寻对解决问题有帮助的信息。

研究型课程中的整合任务是课后的延伸，超越了传统的单一学科学习的框架，它会根据学生个体的认知水平以主题活动的形式呈现生活中的一些问题,以此激发学生的研究兴趣,并完成相应的学习任务。

学生在研究型课程模式中的学习,在设计研究方案、实施方案以及完成任务等环节中都享有相当高的自由度,教师更多的只是在选题和资料收集环节中提供些许帮助,如此更能突出学生的主体性和参与性。不过,教师提供的帮助仍旧是不可或缺的,甚至这可能决定学生研究型学习最终的成败。

第五章　大数据驱动下的大学英语基础知识教学

随着大学英语教学内容与要求的不断更新,教学方式也在不断变革。大数据不仅为大学英语教学提供了广阔的空间、便利的资源,还为大学英语基础知识教学提供了教学途径,进一步调动了学生学习词汇、语法这些基础知识的积极性与主动性,保证了学生词汇学习、语法学习的质量,提升了他们的基本语言能力。本章就来具体分析大数据驱动下的大学英语基础知识教学。

第一节　大数据驱动下的大学英语词汇教学

一、大学英语词汇教学简述

(一)词汇的内涵

词汇是构成语言整体的重要细胞,是语言系统赖以存在的支柱,"如果把语言结构比作语言的骨架,那么是词汇为语言提供了重要的器官和血肉"。可见,词汇对于语言以及语言学习非常重要。那么什么是词汇呢?关于这一问题,不同的学者有着不同的解释,可谓见仁见智,以下就对一些有代表性的观点进行分析。

路易斯(Lewis)站在更高的角度对词汇进行了解释,他将词汇称为"词块"(lexical chunk),并把词块分为四种类型:单词(words)和短语(polywords);搭配(collocations);惯用话语

（idioms）；句子框架和引语（sentence frames and heads）。

库克与博尔斯认为，语法涉及的内容非常广泛，如传统语法、规定语法、语用能力、交际能力、结构语法等都属于语法的范畴。

厄认为，语法被认为是在一种语言中，为了能够形成更长的意义单位，对词或者词组加以组合的手段和方法。

陆国强指出，词是语音、意义和语法特点三者相统一的整体，是语句的基本单位，而词的总和构成了词汇。

总体而言，词汇是包含词和词组在内的集合概念，能够执行一个给定的句法功能，是基本的言语单位。

关于什么是英语词汇教学，王笃勤认为，英语词汇教学是一项包含教学的进程和活动的策划在内，将词汇讲解作为教学内容，以学生充分认知和熟悉应用词汇为目标的教学活动。

简单来讲，词汇教学涵盖的范围十分广泛，而且是教学中最基础、最重要，也是最困难的环节。

（二）大学英语词汇教学的现状

1. 教师的问题

（1）教学方法单一，脱离英语语境。词汇的掌握对英语语言学习的重要性是不言而喻的，但词汇的记忆和掌握的过程又是枯燥和困难的，这就需要教师来缓解这种枯燥，需要教师创新教学方法来创设教学情境，营造教学氛围，激发学生学习的积极性和动力。但是就目前大学英语词汇教学的现状来看，教师并没有将心思花在教学方法的创新上，而是依然采用陈旧的教学方式，即教师领读单词，讲解词汇用法，学生记忆单词。基于这种课堂教学模式，学生的主体地位被忽视，学生只能被动地学习和记忆，积极性根本无法调动起来，甚至还会产生抵触情绪。此外，教师在教学中对词汇的整体性认识不足，没能将词汇放到具体的句子或情境中，最终导致学生对一词多义理解不深，限制了学生综合能力的提升。

实际上，任何一种语言都产生于实际应用，要想掌握地道的语言，必须浸淫在相应的语境中。我国的英语教育倾向仍十分明显，很多学生学习英语是为了通过考试，教师也将通过考试作为教学的目标，这样一来，就将英语语境的创设与英语教学割裂开来，只追求语言的外在表达方式，而不深入探究其内在的文化与逻辑，从而使得学生用汉语思维去理解应用。例如，"玫瑰"（rose）这一词语在英汉文化中都象征着爱情和美好，除此之外，在中国常用"带刺的玫瑰"形容那些性格刚烈的女子，而英语中常用 under the rose 表示要保守秘密。英语中 rose 的这一文化含义源自英国旧俗，如果在教学中不对此进行说明，学生很难理解和掌握其含义。但实际上，很多教师只从词汇处着手，而未创设语境，这样很难让学生充分体会英语这门语言的魅力，也难以让学生更好地投入英语学习。对此，教师在教学中应创设符合英语文化背景的语境，从而为学生营造一个英语交流环境，培养学生的英语思维，锻炼学生的词汇运用能力。

（2）教学效果不佳。词汇的学习和掌握要借助记忆来完成，但记忆是一个漫长的过程，如果学生不能在课后及时进行复习和巩固，记住的单词往往会在短时间内忘记（曹国文，2020）。在海量的词汇面前，学生常常会表现出畏惧感，由于缺乏高效的学习方式，以及良好的教学方法方式，学生的学习热情不高。同时教师未能为学生提供应用的机会，这样学生通过死记硬背方式记住的词汇很快就忘记，进而导致教学效果低下，学生的交际能力也受到限制。

（3）忽视跨文化意识培养。很多英语词语意义深刻，蕴含着丰富的文化信息，这些词语称为"文化负载词"。经调查显示，很多学生对这些文化负载词完全不了解。而这种情况在很大程度上体现了教师在词汇教学中忽视了文化负载词部分，未有意识地运用跨文化意识来培养学生的词汇能力。具体而言，教师存在的问题体现在以下几个方面。

首先，对文化教学不够重视。这具体体现为以下几点：教师在备课环节的教学目标没有文化意识目标;教师消极地跟随应试教育的脚步;学校很少组织与英语相关的活动。

其次,教师自身的文化素养不够。大学英语教师虽然具备了扎实的英语专业知识,但英语文化素养有所欠缺。作为学生的榜样,如果教师的文化素养不高,自然无法提高学生的文化素养。

最后,文化教学方法不当。教师文化教学的方法比较单一,基本上是讲授法、多媒体展示法等,大部分教师只是在课堂教学中偶尔提到一些特殊词的文化背景,而很少有意识地渗透文化知识。这种教学方式就造成学生只了解词汇的表面意义,而不理解词汇的深层文化内涵。

事实上,跨文化意识和词汇教学是相辅相成的,教师在词汇教学中融入文化知识,能够提升学生的词汇能力和跨文化意识,而词汇量的增加又能进一步帮助学生更好地理解西方文化,培养自身的跨文化意识。

2. 学生的问题

(1)重知识记忆,轻思维锻炼。在词汇学习过程中,很多学生仅仅依靠死记硬背来记忆单词,这种方法并未将思维的锻炼融入进去,学生也很快忘记。实际上,每一个单词都有应用的语境,只有在具体的语境中,才能保证准确性,因此学生在对词汇加以理解时需要从具体的语境出发,这样才能实现学生词汇学习的效果。

而忽视英语思维的培养是在长期的汉语语境熏陶下产生的惯性思维,很多学生都习惯运用汉语的语言逻辑去理解、解释和使用英语,由于英语和汉语二者背后的文化与逻辑存在差异和冲突,因此必然会影响学生对英语的有效运用。实际上,无论是英语还是其他语言,只有深入了解语言的内在逻辑,才能做到自如运用。英语思维的培养不是仅仅靠记忆单词或背诵句子就能做到的,还需要学生充分理解英汉语言背后的文化历史,只有这样才能掌握英语这门语言。

（2）语义内涵的理解程度差。我国学生是在汉语环境下学习英语的，所以在理解英语词汇的语义内涵时，会不同程度地受到汉语文化的影响，而英汉词汇之间的语义不对应等现象会对学生的词汇理解带来困难。具体而言，一方面，学生在本民族文化传统的影响下会形成思维定式，在理解英语词汇时会出现文化语义的偏差；另一方面，中西文化观念冲突会让学生思维混乱，对英语感到束手无策。如果教师忽视词汇文化背景知识的输入，学生在理解英语词汇时就会出现偏差，甚至会在使用中产生误用问题。

（3）缺乏探究意识。一般来说，在大学阶段，学生应该主动地学习词汇，但是在实际的英语词汇学习中，很多学生仍旧从教师那里获取，不寻找其他的获取渠道，这样的学习就是被动的学习，长此以往，词汇掌握的量也是不充分的。同时，学生不会去主动探究词汇，无法得知词汇文化的背景知识，这样的词汇学习会逐渐缺乏兴趣和积极性。

二、大数据驱动下大学英语词汇教学的原则

（一）词汇运用原则

学习词汇并非为了单纯记忆词汇，而是为了在交际过程中有效运用词汇，因此在大数据驱动下的大学英语词汇教学中，教师应遵循词汇运用原则。这一原则是指教学中教师不仅要讲授词汇知识，还要引导学生对词汇加以运用。具体而言，教师在教学中要设计符合学生学习特点的教学活动，让学生积极参与教学互动，进而锻炼词汇运用能力。

（二）与时俱进原则

在科技迅速发展的大数据时代，大学生们有着开放的思想、新潮的想法，无论是学习还是生活，都与信息异常密切。对此，

大学英语词汇教学应顺应社会的发展趋势和学生的需求,与时俱进,具有新潮性。教师除了教授教材中的词语,还可以适时传授一些热门新词,如 selfie(自拍)、bestie(闺蜜)等,这样学生就会切实感受到语言的鲜活性和发展性,学习词汇的积极性也会随之提高。

(三)循序渐进原则

任何教学都应循序渐进地进行,也就是遵循循序渐进原则,大数据驱动下的大学英语词汇教学也不例外。具体而言,在大学英语词汇教学中遵循这一原则是指教学中在数量和质量平衡的基础上对所教内容逐层加深。基于循序渐进原则,大学英语词汇教学不能仅仅重视学生对词汇数量的掌握,也应重视学生对词汇质量的把握,要做到在增加学生词汇数量的基础上,提升学生对词汇使用的熟练程度。

逐层加深是指大学英语词汇教学应由浅入深、层层递进地进行,因为课堂教学中不可能一次性教授词汇的所有语义,学生也不可能一次性掌握全部知识。总体而言,在大学英语词汇教学中,教师要避免急于求成,应由浅入深地推进教学,让学生一步步加深对单词意义的了解和对单词用法的掌握,进而提升学生的学习效率和英语词汇水平。

(四)情景性原则

词汇教学不应孤立进行,而应做到词不离句、句不离段,设置情景,借助情景教授词汇。学生善于模仿、记忆力好、听觉敏感,所以教师应抓住学生的这些特征,为其创设真实的语言情景。教师应根据教材的内容,努力为学生创设良好的语言环境,让学生在较为真实的语言情景中,积极开展练习活动,坚持听、说、做相结合的原则。在情景中教授英语单词,一方面有利于学生对词义的理解,加强记忆;另一方面,方便学生将所学单词应用于交际活动中。

(五)重复性原则

遗忘是伴随着记忆而行的,在学生的词汇学习中,不可避免地会产生遗忘问题,每天如果不加以复习和巩固,将很难掌握词汇,对此大数据驱动下的大学英语词汇教学应遵循回顾拓展原则,即重复性原则。这一原则是指在教学中将新旧词汇结合起来,利用已教授过的词汇来教授新的词汇,以便让学生对旧的词汇加以巩固,同时有效拓展和掌握新的词汇。

(六)对比性原则

在大数据背景下,大量词汇均有与其意义对应的词,通过对比、对照等方式将学生容易混淆的词以及内容上联系密切的成对的概念找出来,加强单词的识记。根据神经系统的对称规律,当两种性质不同的语言材料同时出现时,会促进大脑皮层的互相诱导,强化"记忆痕迹",活跃思维活动。

(七)联系文化原则

语言与文化密切相关,很多词汇都蕴含着丰富的文化,而且词汇学习的最终目的是进行跨文化交际,因此联系文化原则是大数据驱动下大学英语词汇教学遵循的一个重要原则。遵循联系文化原则是指,在大学英语词汇教学过程中,词义的讲解、结构的分析都应与文化相联系。充分理解语言文化,有助于加深对词汇的理解,全面掌握词汇的演变规律,有效地运用词汇。

三、大数据驱动下大学英语词汇教学的方法

(一)充分利用语料库,让学生学会检索

1. 使学生在语境中掌握词汇具体用法

在词汇学习中,将其放在具体语境中,往往能起到事半功倍

的效果。在英语语料库中,有大量和语境相关的实例,具体的实例主要是通过数据的方式呈现在学生面前。在语境中,学生的注意力能够被有效吸引,使学习的词汇知识得到强化,同时能对相关使用规律进行总结。在语料库中,学生能了解使用频率较高的一些词汇,加强对词汇具体结构的了解,深化对语言现象的认识,实现对出现频率较高的单词的巩固与理解。就 outline 这个单词来讲,在教材中只是标注其主要意思是概要、轮廓、外形的意思,而在实际教学中,教师可以在语料库中进行检索。通过检索的方式不仅能够了解具体的用法,还能了解相应的使用频率。进而学生认识到这个词汇不仅能够当作名词使用,也能当作动词使用。

2. 对近义词以及同义词进行检索

由于英语是一门非母语学科,因此学生在学习近义词的过程中存在较大难度。而语料库在大学英语词汇教学中的使用,能够使学生在检索过程中,获得相应的参考,然后在此基础之上进行细致大量的分析。

3. 在检索过程中了解不同词汇搭配

词汇搭配的概念提出已久,并且随着社会的不断发展,受重视程度越来越高,词语搭配考查了词项目贡献,也考查了相应的语法结构以及框架。有相关学者认为词的搭配、语义选择、语义韵以及类连接之间存在紧密联系,它们实现了对词汇组合以及词义的表达,而比较普遍的则是动词与名词之间的搭配。

4. 进行词汇的复习与巩固

英语语料库在英语词汇教学中的使用,除了能够为学生构建情境,了解近义词、同义词的相关知识,认识词汇搭配外,教师也可以利用这种方式,帮助学生进行词汇的巩固。在巩固过程中,练习的方式可以是填空题、选择题,也可以是匹配题。而在实际教学时,教师可以将检索出来的内容进行隐藏,然后让学生根据上下文进行猜测与分析,并且在教师挡住的部分,填入适当的内容,而在选择语料库时,教师需要以不同的学习内容为依据进行选择。

同时在语料库中,学生可以实现对学习词汇内容的拓展,英语语料库中有大量的内容,能够成为学生在学习中的素材,学生可以根据自己的实际学习能力和情况进行选择,学习的范围便不仅仅局限在教材中,进而使学生学习到的知识能够有更强的实用性,实现对英语词汇的有效巩固。同时这种方式的使用在一定程度上响应国家号召,加强了对互联网技术的使用,促进了对学生学习能力的培养,使学生在实际学习中能逐渐形成良好的学习习惯,实现英语综合学习水平的提升。

(二)借助网络多媒体技术,扩大词汇输入渠道

词汇的运用离不开词汇的学习和积累,所以在教学中教师应扩大学生词汇输入的渠道,使学生可以通过不同的渠道获取词汇知识,扩大词汇量。网络多媒体的发展与运用正好为扩大词汇输入渠道提供了可能。基于网络多媒体技术,教师在英语词汇教学中应该让学生输入足量的语言信息,使学生能够使用这些语言信息进行自然的交流。也就是说,要求教师给予学生提供更多真实的语言环境。根据"语义场"的理论,学生可以通过扩大语义网来扩充词汇量。同时,有很多的网站可供学生学习和练习词汇,也有对词汇进行测试和阅读理解的内容,这都是扩充学生词汇量的渠道。

此外,有很多的学习材料都附有音频资料,学生可以根据需要下载听取,对自己的词汇知识进行巩固。在线字典可以帮助学生解决遇到的生词,网络搜索引擎可以扩充学生的词汇输入和词汇学习渠道,解决词汇学习中遇到的语言障碍和文化障碍。

(三)通过建立共享学习资源圈,实行分层教学

教师可以为学生推荐一些与课本配套的在线课程,通过这些课程,可以做到对课堂内容的补充,丰富学生学习的资源。由于学生固有的知识水平存在差异,学习接受程度不同,因此在实施

教学时,教师应该尽可能采用分层教学,从学生的不同层次出发,设置与他们实际能力相符的任务,这样才能满足不同学生的学习需求。

(四)转变学生学习方式,引导深度学习

在大数据背景下,学生的词汇知识学习不再局限于读、写、背上,而是将自己碎片化的时间进行整合,展开在线学习,运用多媒体资源对自己的学习进行设计,激发学生的学习兴趣与积极性。

建构主义注重以学生为中心,强调学生对知识的获取与探索,让他们主动发现,建构知识的意义。学生通过对知识进行建构,形成自己的认知,从而解决自己学习中的一些问题。

(五)建立评价机制,实时反馈学习效果

通过网络学生可以自己进行测试,这有助于教师进行数据的整合,找出学生容易出错的地方,然后在课堂上对一些重点、难点进行讲解,并及时反馈学生的学习效果。显而易见,建立评价机制,对学生的学习是一种鼓励,也是促进学生前进的动力。

第二节 大数据驱动下的大学英语语法教学

一、大学英语语法教学简述

(一)语法的内涵

关于语法的定义,不同的学者给出了不同的解释。

威多森(Widdowson,1992)认为,词汇的变化规则和用词造句规则系统的总称构成了语法。

乌尔(Ur)认为:"语法大体指语言组合词语使之成为更大意

义单元的方式。"

尤尔（George Yule,2002）认为："语法是一套结构,其中语法形式上的不同可以通过意义上的不同或根据其所在的上下文来解释。当使用者掌握了一套语法结构系统时,在其分析框架里意义、形式和用法就被看作不可分割的三个方面。"

许国璋先生（1986）指出,语法是制约句子中词与词之间关系的准则,某一语言的语法是语言中所有准则的总和,在语法的制约下,词组成能够被语言社团所接受的句子。

胡壮麟（2000）指出："如果语言教育的目的包括教会学生正确地、有意地和得当地使用英语,我们就应该把语法看作一个理性的动态系统,而不是任意规列的静态系统。"

综合上述定义可以看出,语法是语言的组织规律,是人们据以组词成句、赋予语言意义并使用语言进行交际的一套规则。可见,语法语言交际的重要规则,对交际起着重要的作用。

（二）大学英语语法教学的现状

1. 教师的问题

（1）语法教学弃而不教或边缘化。大学英语教学一直都在不断变革,教学内容随之不断改变,而随着2004年教育部《大学英语课程教学要求》的颁布,大学英语语法教学内容退出了大学英语教材,大学英语语法教学也从大学英语教学中退出,最终导致大学英语语法弃而不教或边缘化。这具体体现在两个方面,首先教材中没有了语法内容,教师便失去了教授语法的依据和大纲,学生也将无法系统地获取语法知识；其次课时安排不合理,大学英语教学中多是精读课与泛读课,没有相应的语法课,即使教师讲解语法知识,也是零星的和碎片化的。实际上,语法对于英语语言的学习是至关重要的,语法贯穿于英语学习的始终,对英语综合能力的提升起着重要作用,所以教师不应忽视语法教学,而应积极开展语法教学,丰富学生的语法知识,提高学生的语法能力,为学生的英语综合应用能力打好基础。

(2)教学方式单一。英语语法知识繁多,学习起来十分枯燥,因此很多学生都对语法学习缺乏兴趣。想要改善这种现状,就需要教师创新教学方法,增添语法教学的乐趣,激发学生学习的积极性。但是,当前的大学英语语法教学并不乐观,教师依旧采用陈旧的方式展开,占据课堂的主体,这样学生处于被动的学习,不仅与教育理念不符,也不利于学生的学习,很难发挥学生的主观能动性。

2. 学生的问题

(1)语法意识薄弱。大学生在中学阶段已经进行了很长时间的语法学习,普遍感到枯燥乏味,因此他们认为到了大学阶段就没有必要重点学习语法了。实际上,尽管到了大学阶段,语法依然是英语学习的重要内容,因为不掌握准确的语法,是不可能准确、流利地进行交际的。

(2)缺乏有效的学习方法。大多数学生语法学习的效率非常低,其中一部分学生是因为掌握的学习方法不正确,从而使得语法知识的掌握较为松散,不能成为一个系统。在语法学习中,学生往往比较被动,通常是遇到新的问题之后才会回去学习语法知识,而当他们学习完一篇文章之后,又把语法学习抛之脑后,这样的学习是很难提升语法能力的。

二、大数据驱动下大学英语语法教学的原则

(一)综合性原则

在大数据背景下,综合性原则是指大学英语语法教学要采取恰当的教学方式,具体体现在以下几个方面。

(1)归纳教学和演绎教学相结合。这两种教学方式各有所长,教师在语法教学中要根据具体的内容,将二者有机结合,以归

纳为主,演绎为辅。

（2）隐性教学与显性教学相结合。隐性语法教学在教学中避免直接谈论所学的语法规则,主要通过情景让学生体验语言,通过对语言的交际性运用归纳出语法规则。显性语法教学侧重在教学中直接谈论语法规则,语法教学目的直接、明显。根据学生的生理、心理特点,教师应尽可能避免机械、反复的语法识记和操练,应注重让学生在一个有意义的情景中感知、理解所教语法项目;然后为学生创设生动有趣的情景,让学生在交际活动中模仿、操练、巩固语法知识;最后,在学生理解并会运用的基础上,教师帮助学生总结归纳语法规则。语法教学应以隐性教学为主,适当采用显性教学,这样能激发学生学习语法的兴趣,帮助学生增强语法意识,培养语言使用能力。

（3）寓语法教学于听、说、读、写教学之中。学生的听、说、读、写四大基本技能的培养离不开语法,语法是为这些技能服务的。所以教师要把语法教学贯穿于听、说、读、写教学之中,使语法真正服务于交际。

（二）实践性原则

传统的大学英语语法教学只重视知识传授,不重视技能培养,忽视语法的交际功能。《大学英语教学指南》注重学生能力的培养。教师要明确英语语法教学只是培养语言实践能力的桥梁,其目的是更好地培养学生听、说、读、写语言实践能力,进而达到用英语进行交际。因此,语法教学必须突出其实践性原则。

行为主义学习理论认为,外语学习基本上是一个形成习惯的过程。其他流派也从不同角度提出了练习在培养言语能力中的作用。大学英语语法主要出现在单词、句型、文章中,教师在语法教学中必须以多种方式对语言知识进行实践练习,根据具体情况适当点拨,让学生在精读多练的基础上,熟练掌握语法知识,形成语感,从而建立一套新的语言习惯。

（三）交际性原则

在大数据驱动下的大学英语语法教学中，教师应遵循交际性原则，即恰当地运用多媒体设计课堂教学，创设合理的语言交际环境，使语言交际环境符合实际环境，从而帮助学生更好地掌握语法知识，提升交际能力。提高学生成绩并不是语法教学的最终目的，语法知识的使用才是语法教学的本质，所以语法教学应结合实际生活，培养学生的语法思维，提升学生的听说读写能力，提高学生的语言交际能力。

（四）文化关联原则

语法作为语言的内部规律，与文化有着密切的联系，即蕴含和反映着丰富的文化信息。对此，在大学英语语法教学中，教师应重视文化因素对学生语法学习的影响，并有意识地进行文化教学，创设英语语言环境，从而丰富学生的文化知识，切实提高学生的语法能力和语言交际能力。

三、大数据驱动下大学英语语法教学的方法

（一）利用网络多媒体呈现知识，并进行课后拓展

利用网络多媒体等先进的教育技术有利于在语法教学中创造轻松、愉快的气氛，降低学生的学习焦虑，并有效调动他们的学习积极性，使他们积极进行思考，提高思辨能力与学习效果。具体来说，在语法教学中采取网络多媒体教学法可以从以下几个方面入手。

1. 利用课件呈现语法知识点

现在，网络多媒体已广泛运用于英语教学中，教师可以充分利用网络多媒体课件，将语法知识点、语法句型等呈现给学生，从而通过生动、形象的输入来帮助学生进行理解与记忆。例如，教

师在讲授 listen、watch 等词的一般过去式、正在进行时的时候,就可以将 -ed 与 -ing 形式运用下画线、不同颜色标注出来,或者可以设置为有声导入,这可以集中学生的注意力,引导学生对规律进行总结,达到举一反三的效果。

2. 采用课后自主拓展模式

网络媒体教学对于激发学生的能动性、提高学生的自主学习能力十分有利。课堂教学时间是有限的,学生很难通过课堂时间掌握所有的语法知识,但网络环境下的语法教学要求学生在课后进行自主学习,这就有效弥补了课堂教学的不足。借助网络,教师可以创建一个讨论组,促使资源进行共享。在讨论组中,教师将预先设计好的指导性问题和相关内容上传到网络平台,学生可以自行下载提前进行预习,如果有问题可以提出问题,大家也可以参与讨论。此外,教师可以通过 E-mail 形式进行辅导和交流。这不但可以打破时空的限制,还可以缓解课堂的紧张气氛,让学生更轻松,也是将课堂内容延伸到课堂外。

(二)利用翻转课堂,完善课前与课堂教学

翻转课堂也是随着信息技术的发展而产生的一种新型教学模式,将该教学模式运用于大学英语语法教学,可有效调动学生学习语法的兴趣,促进学生自主学习能力的提高,拓展学生的独立思考能力,进而培养学生的语法能力。翻转课堂这种教学模式不再以教师为中心,而是以学生为中心,教师只是起到辅助作用,学生是教学环节的重点,师生之间处于相互互动的状态。

1. 提升微课制作水平,借鉴网络教育资源

相较于传统的语法教学模式,翻转课堂最大的特点在于以视频微课代替了"黑板 + 粉笔"的教学方式。但对于已经习惯了传统教学模式的英语教师来说,很难在短时间内适应视频微课这种新的教学形式。因此,教师首先要熟练掌握微课的制作技术,灵

活运用各种制作软件;其次要重视视频微课内容的整合与加工,重点选择某语法知识,并借鉴网络上优质的教育资源制作短小精悍、内容丰富的数字化课程资源。

2. 拓宽师生互动渠道,确保语法教学效果

制作视频微课是翻转课堂语法教学的前提,后期的检查、实施和监督是更加重要的部分,因此师生之间应保持多维互动。首先,教师要指导学生观看视频微课,并对学生的学习内容和时间进行计划,把握学生学习的进度;其次,教师要利用社交软件建立 QQ 群和微信群等,加强与学生线上线下的互动,对学生在自主学习中遇到的问题进行解答,促进师生和生生之间的讨论,实现英语语法知识的消化和吸收。

3. 关注语法难点,提升教师答疑解惑的能力

基于翻转课堂,教师将制作好的视频微课上传到网络平台,学生自行下载,并在固定时间内完成自主学习,而对于遇到的语法知识难点,除了课堂学习小组讨论外,更多由教师在课堂上统一解答或个别辅导。对此,英语教师应不断充实自身的语法知识储备,提升自己的语法能力,从而更好地解答学生的疑难问题。

4. 开展差异化教学辅导,促进学生自主学习

在翻转课堂教学模式下,教师要更新教学理念,改变传统的教学模式,主动融入和参与学生学习的各个环节,成为学生学习的指导者和监督者。由于不同学生之间存在着巨大的差异,有着不同的基础水平和认知结构,因此教师需要采用不同的辅导方式来对不同层次的学生加以辅导,特别是对那些自律性不强的学生,更要采取有效方式来加以辅导,促进他们进行自主学习。

5. 重视教学评价,建立激励机制

翻转课堂语法教学重在学生的自主学习,为了掌握学生自主学习的频率以及参与程度,确保翻转课堂教学的效果,对学生进行考核评价就显得十分必要,而且这种考核要贯穿于课堂教学的全过程,并且评价形式要多样化,包括学生自我评价、小组评价、教师评价等多种考核评价形式。这种全方位的考核评价机制有利于教师掌握学生对语法教学的参与度和配合度,便于教师了解学生对语法知识的掌握程度,而且对学生有着正向的激励作用。

(三)构建基于 TPACK 的混合式教学模式

1. 多个方面深度混合

基于 TPACK 的混合式英语语法教学模式需要从多方面入手展开深度的混合,这样才能将传统课堂教学与网络在线教学的优势发挥出来,形成与教学需求相符的全新教学模式。

总体而言,课程资源、教学模式、教学环境的融合是非常重要的。课程资源的混合就是将网络课程、教材内容、题库等相关资源加以整合,从而便于学生直接运用。教学模式的混合就是构建一体化的教学模式,从学习之前的准备到学习之后的评价,都要组成一个整体,让教师的教与学生的学能够真正地实现和谐。教学环境的混合就是要将传统课堂中的现实交流环境与网络的虚拟环境结合起来,从而为教学提供创新的环境。

2. 学前准备阶段

在学前准备阶段,教师不仅需要准备教案,还需要为学生提供慕课视频、微课视频等一些引导课程。这些课程能够让学生初步了解教学的内容,并进行自主学习与探讨,让他们能够逐渐提升自身对语法知识的熟悉程度。同时,在网络课程中需要设置相应的问题,这样便于学生在学习中进行思考。例如,在 set up 相关内容的课程资源中,应当包含相应的习题,让学生能够进一步熟悉 set up 的不同用法,也能进行深层思考。

如果有必要,教师可以在网络上与学生展开互动,引导学生进行课前的预习,完成学习任务。例如,学生之间可以通过微信群进行交流,对学习中遇到的问题展开讨论,从而一起分析解决。如果学生无法解决问题,那么教师就可以进行询问,引导学生找到问题的解决方式。

3. 课堂教学阶段

在基于 TPACK 的混合式英语语法教学模式下,由于学生通过课前预习已经对语法知识有了基本的了解,那么课堂教学阶段就是帮助学生解决预习时候遇到的一些问题,对学生的预习进行强化。

在课堂教学中,教师可以对学生遇到的一些集中问题进行解惑。同时,教师需要对语法重难点加以总结,帮助学生对这部分内容进行深化。此外,最重要的则是通过课堂教学来进行强化训练。很多学生难以真正掌握英语语法知识,很大的原因在于其训练不足,因此教师可以充分利用教材和网络课程,混合多种教学方式,从听、说、读、写、译等方面展开教学,为学生创造良好的语法训练机会。

4. 巩固提升阶段

在课堂教学结束之后,基于 TPACK 的混合式英语语法教学需要引导学生对知识加以巩固。基于网络平台,教师可以结合学生的反馈,了解学生的学习情况,并为他们制订相应的巩固计划。与传统的课后作业相比,这种方式的针对性更强,能够真正地实现因材施教,引导每一位学生对语法知识进行更好的掌握,帮助学生纠正学习中遇到的一些错误。

5. 评价考核阶段

对基于 TPACK 的混合式英语语法教学模式而言,传统的教学评价考核体系已经不再适用,需要构建全新、合理的评价考核体系。因此,教师可以充分利用网络教学平台,结合教学内容而制定出相应的任务清单,强化评价考核对学生主动性、积极性的调动作用。近年来,混合式教学模式在英语教学中得到了广泛应用,但是其实际教学效果却并不尽如人意,尤其是在英语语法教学方面。因此,加强对混合式英语语法教学模式的研究很有必要。

第六章 大数据驱动下的大学英语听说技能教学

在大数据日益影响社会的当前时代,大学英语教学中也逐渐出现了大数据的影子。大学英语教师开始使用一些信息技术来教授、管理学生,这在大学英语听说技能教学中具有明显的表现。本章主要研究大数据驱动下的大学英语听说技能教学。

第一节 大数据驱动下的大学英语听力教学

听力不仅是重要的语言输入技能,也是交际的重要方式,更是英语教学中不可或缺的一部分。提高学生的听力能力是大学英语听力教学的重要目标,但其最终目标是培养学生的跨文化交际能力,即运用听力能力进行交际活动。

一、大学英语听力教学简述

(一)什么是"听"

听是一个包含主观能动性的过程,它涉及听者对信号的主动选择,然后对信息进行编码加工,从而确定正在发生的事情以及发话人想要表达的意图。

听力理解涉及的对象是第一语言和第二语言,所要做的事情就是弄懂这两种语言。但是,对这两种语言的理解是有本质区别的。其中,对第二语言的听力理解比较关注语言的结构层面、语境、话题本身以及听者本身的预期。

"听"与"读"都是一种对信息的输入,但是在大学英语听力教学中教师绝对不能将"听"看作阅读的声音版,而应该认真研究"听"的本质属性,并据此去组织教学,从而帮助学生获得一定的听力技能。

(二)什么是"听力理解"

从信息论的角度来讲,听力理解是对信息进行认知加工的过程。"听力理解"呈现出以下几种特征。

1. 时效性

时效性是指听力理解要求听者在一定的时间内高效地对声音信息进行加工。要做到这一点,听者需要认识到时间的紧迫性并且能够快速地判断。声音信息输入的流线型特点同样要求听力理解具有时效性。听力理解是否具备时效性,往往成为衡量一个人听力能力的关键指标之一。

在大学英语听力教学中,教师可以将听力理解的时效性特点向学生进行详细的解释,这样可以督促学生做出更好的听力计划,促使学生监控和评估自己的听力能力。如果要想保证理解效度的最大化,听者就需要解决自身的听力时效性;如果不能解决这一问题,那么听者就很难理解发话人接下来的话语。

2. 过滤性

过滤性是指听者在听力理解的过程中能够准确地筛选出有用的信息,而剔除那些无用的甚至是干扰的信息。简单来讲,过滤性就是"抓关键信息"。

显然,听者不需要原原本本地将听力内容在头脑中放映一遍,但是必须能够把握住听力内容的中心思想。因为听力理解的内容是一连串连续性的语言符号,人们必须从整体上把握内容,而不是孤立地关注某一个音素。想要把握听力内容的中心思想，不偏离听力内容的大方向，就必须先获取发话人的"主题"，然后围绕这一主题探索事件的时间、地点、过程以及发话人的思想情感等边缘要素，主题和边缘要素存在着一种内在的连贯性。

3. 即时性

即时性是指听力理解无法提前安排和计划，都是随时进行、随时结束的。这就使得我们不可能提前对听力理解进行演练，从而导致了听力理解的不可预知性，这正是它的难点所在。因此，在听力教学中，教师应该尽可能地培养学生对听力材料的适应能力，能够对各种情况做到随机应变。

4. 推测性

推测性是指听力理解是通过推理进行的。其实说到底，只要是含有理解的行为，就少不了推理的存在。说得具体一点，推理就是依靠自己的主观能动性不断验证先前的假设的认知过程。

在一次完整的推理中，有两个环节是必不可少的。首先是预测将要发生的事情，其次是对结果进行推断。当然，这两个环节有其存在的前提，也就是我们不能做无缘无故的预测，那是妄想，而是要根据已有的知识经验来推测未知的事物。并且已有的知识经验和未知的事物之间是有着内在关联的，听者就是需要通过这些显性或者隐性的关联来寻找发话人的信息，从而推测发话人的意图。

5. 情境性

情境性是指听力理解是发生在特定的时间、场合之下，时间、场合就构成了听力理解的情境。随着时间和场合中任何一方面的改变，情境就会改变，这就引起了不同听力情境的发生。

听者之所以要关注听力理解的情境，是因为这些情境中包含着很多重要细节，它们决定了听者对话语意义的理解，同时为即将产生的话语提供理解的线索。在日常的听力教学中,教师要提醒学生注意情境,有意识地提高学生对情境的敏感度,从而促使学生对话语有更准确的理解。另外,教师应该尽量为学生创设真实的情境,因为语言的运用就是在真实的情境下发生的。

6. 共振性

"共振性"这一概念应该是从物理学中移植过来的,表示一种瞬间感应性。听力理解具有共振性,是指听力理解是在对应原则的基础上发生的,有着自己独特的经验和惯性。

具体来讲,在听力理解中,一些新信息不断地刺激大脑,从而激活大脑中的已有知识,新知识和已有知识之间的交流就是共振。那也就意味着,你拥有的知识总量和你的感知能力的高低是成正比的,和你的共振效率也是呈正相关的。听力理解的共振性和信息加工理论中的"编码—解码"程序具有很大的关系。

(三)听力认知策略

根据认知理论,听力理解是一个需要听者积极构建意义的过程,也是一个复杂的认知过程。在学习中运用认知策略对学生建构意义、提高获取信息的能力大有裨益。将基于认知策略的听力教学模式运用于大学英语听力教学实践,对提高学生的听力水平和教学效率十分有利。

基于认知策略理论的英语听力学习模式的实施步骤具体如下。

1. 听前阶段

在听前阶段,教师的主要任务是让学生对听力材料的背景有所了解,教会学生使用目标语资源和推测策略,通过各种途径,如查阅词典、百科全书等扫除词汇障碍,同时提高学生已有的知识储备,为即将进行的听力活动做好准备。

2. 听中阶段

在听中阶段,教师要培养学生的联想、推测、演绎、速记等策略来帮助学生完成听力活动。以《新视野大学英语视听说教程》第三版 Book 1, Unit 7 *Weird, wild and wonderful* 为例,本单元涉及的话题是自然与环境问题。在听力教学中,教师首先要充分激活学生头脑中储存的有关环境问题的图式,如水源污染、大气污染、森林破坏等,让学生合理推断文章内容。在第一遍听录音过程中,教师要求学生概括文章大意,这要求学生在语音听取的过程中,结合自己的储备知识,运用联想策略,归纳篇章大意。在第二遍听录音过程中,学生需要把握细节信息,完成表格中的空缺信息,教师要训练学生集中注意力,抓住重要信息,进行速记的能力。在听力活动结束后,如果信息有遗漏,教师可以引导学生运用推测、联想等策略,进行合理的推测,以增强学生对听力材料的理解和掌握。

3. 听后阶段

在听后阶段,教师要训练学生通过归纳、总结等策略对听力材料内容做进一步的加工处理,实现语言的内化。此外,教师应指导学生对听过的材料进行重复听力练习,让学生模仿训练,从而起到巩固语言基础的作用。

(四)听力训练的方法

(1)听—画:学生边听英语,边画出相应的图画。

(2)听—视:学生边看黑板上的图画,边听老师讲。有条件的地方可利用投影仪、幻灯片或录像机进行视听训练。

(3)听—答:教师对听的内容进行提问,要求学生口头回答。

(4)听—做:教师根据所听的内容发出指令,要求学生做出相应的行动或表情,如 Show me how David felt when he met Jane at the airport. 教师使用课堂用语时向学生发出的指令也应属于此类,如 Come to the front.

（5）听—猜:学生在听前根据教师的"导听问题"(guiding questions)提示,并结合已学的知识对所听的内容进行预测(predict)。

（6）句子段落理解:教师放录音或口述句子、段落。学生一边听,一边看教师示范表演:各句意思以指出或举起相应的图画或做相应的动作来表示;教师用手势画出单词重音、语调符号和节奏,让学生模仿。

（7）短文理解:学生先听录音,然后根据短文的内容,进行形式多样的练习帮助听力理解,如听录音回答问题,听录音做听力理解选择题,听录音判断正误,听录音做书面完形填充练习,复述短文大意,做书面听力理解练习题,等等。

（8）课文听力训练:教新课文之前,先让学生合上书本,听两遍课文录音,或听教师朗读课文;讲课文时,教师一边口述课文,一边提出生词,利用图片、简笔画、幻灯或做动作向学生示意,帮助学生达到初步理解的目的;学生根据课文内容进行问答,如就课文中生词或词组提问、就课文逐句提问、就课文几句话或一段话提问等。

（9）技能学习:听力的有效进行是需要一定的技巧的,因此在大学英语学习过程中,学生应掌握几种常用的听力技巧。

其一,听前预测。在进行听力之前,进行一定的预测是很有必要的。在教学中,教师可以指导学生在正式听听力材料之前,先浏览一下听力问题,据此预测听力测试的范围,如地点、时间、人名等,这样可使听力更具针对性。

其二,抓听要点。在听的过程中,要学会抓听要点。也就是抓听交际双方言语活动中的主要内容、主要问题、主题句和关键字等,对于一些无关紧要的内容则可以不用重点去听。

其三,猜测词义。听力过程中不可能听明白每一个词,而且有时难免会遇到陌生的单词,此时如果停下来思考这个词的意思,就会影响整个听力材料的理解。这时可以继续听,通过上下文来猜测词义,这样既不会中断思路,也能流畅地理解听力材料内容。

其四,边听边记。听力具有速度快和不可逆转性的特点,听者在有限的时间内不可能听懂和记住所有的内容,此时就需要借助笔记来辅助听力活动,也就是边听边记录。听力笔记不需要十分工整,只要听者自己能看明白就行。

(五)听力训练的要求

(1)熟练掌握英语课堂用语,尽可能用英语组织教学。

(2)充分利用音像手段(如录音机)和软件资料进行大量的听力训练。

(3)遵循循序渐进的原则,听力训练时听音材料难度应该由浅入深,生词量小,语速由慢到快,长度由短到长。

(4)尽量将听与说、读、写等活动结合起来进行训练。

(5)结合语音语调的训练,特别是朗读技巧(单词重音、句子重音、连读、辅音连缀、停顿和语调)来训练听力。

(6)听前让学生明确目的和任务。

(7)把培养听力技巧(辨音、抓关键词、听大意、听音做笔记等)作为教学的主要目标。

(8)布置适量课外听力训练。

(六)大学英语听力教学的现状

1. 听力教学内容不丰富

目前,听力教学主要的依据还是教材,教材的内容相当有限,而且有的教材并不十分先进,这就使得听力教学的质量大打折扣。何况现在是一个互联网时代,知识更新速度快,信息传播无边界,学生希望从这个包容的世界里获得更多信息。仅靠教材上的内容,显然难以抓住学生的注意力。

2. 听力教学评价体系有失公平

学校对学生评价的依据主要是学生的平时成绩和期末考试成绩,其中期末考试成绩占据的比例还是要大一些,平时成绩相当于一种装饰。其实这种做法有待改进,只有将平时成绩的比重提上来,学生的活力和热情才能更好地被激发出来。

3. 听力教学目标和模式单一

在应试教育居高不下的情况下,一切课程的学习似乎都是为了在考试中有好的表现。听力课被安排的课时本来就很有限,在这样的教学目标的指引下,听力教学沦落为题海战术,让学生感觉乏味。

4. 听力教学方式有缺陷

由于高校里英语教师的配置有限,因此像英语这种课程基本还是沿袭大班授课制。这就无法实施个性化教学了。

二、大数据驱动下大学英语听力教学的原则

(一)激发兴趣原则

听力能力的提高需要一个过程,不能一蹴而就,而且需要不断的练习和努力,很多学生由于自己听力能力不佳,加上进步缓慢,因此对听力缺乏兴趣。可见,兴趣对于英语听力学习至关重要,对此教师在开展大学英语听力教学时要有意识地激发学生的兴趣,也就是遵循激发兴趣原则。具体而言,教师在进行听力教学之前,首先要充分了解学生的兴趣所在,即了解学生对哪些听力活动和听力内容感兴趣,然后以此为依据来调整教学内容和教学方法激发学生的听力兴趣,调动学生的积极性,进而提高学生的听力水平。

（二）情境性原则

听力是交际的重要方式，学生只有在自然、真实的环境中，才能与环境产生相应的互动，获得真实的语言体验。很多教师往往都有这样的感受，即教师竭尽全力鼓励学生参与课堂活动，但学生依然对听力学习缺乏积极性，课堂教学沉闷。实际上，良好的课堂氛围需要师生共同营造，教师应该与学生积极沟通，充分发挥自己的主导作用和学生的主体作用，应在活跃、自然、民主的课堂环境中，创建英语语言情境，进而培养学生的听力能力。

（三）综合原则

英语包含四项基本技能，即听、说、读、写，这几项技能之间并不是相互独立的，而是密切联系、相互促进的。所以，教师要想切实提高学生的听力水平，就要重视听力与其他技能之间的关系，将输入技能训练和输出技能训练相结合，培养学生的综合英语能力。

（四）注重情感原则

在教学中，教师除了要注重学生学习本身外，还要重视学生的情感体验。具体而言，教师要为学生创造一个轻松、愉快的课堂环境。例如，教师在听的过程中可以穿插一些幽默小故事、笑话、英文小诗、英文卡通或英文歌曲等，也可以根据实际情况改变听的形式或更换听的内容等，努力消除学生因焦虑、害怕等产生的心理障碍，创造和谐的学习氛围，使学生获得良好的学习体验，进而提升学生的听力水平。

三、大数据驱动下大学英语听力教学的方法

（一）充分利用 TED 资源

TED（technology，entertainment，design）是美国的一家私

有非营利性机构,宗旨是"用思想的力量来改变世界"。TED演讲的领域已从最初的技术、娱乐、设计三个领域扩展到了各行各业,演讲者涉及科学家、哲学家、艺术家、探险家、心理学家、语言学家、宗教领袖、慈善家等。每年3月,TED大会在美国召集众多科学、教育、商业、环保、设计、文学、音乐等领域的杰出人物,分享他们关于技术、社会、人的思考和探索。

(1)提供了大量的真实语言材料,这与传统的音频大相径庭。学生平时上课接触的语言材料大多是其母语者在录音棚里录制而成,尽管保证了语音的纯正,但是改变了交际的真实环境。

(2)演讲主题包罗万象,与"语言学习就是一部百科全书"的观点不谋而合,确保了语言输入的广度。

(3)演讲者均为讲授领域的佼佼者,传达的信息性和思想性都很前沿,有助于提高英语专业学生的思辨性。

(4)TED官网上发布的演讲视频一般都在15分钟左右,短的10分钟以内,长的20分钟。这与当下翻转课堂教学视频的时间很吻合。

(5)演讲者来自世界各地,各种口音及真实的情景交际可以让学生真真切切地领悟眼神、手势、面部表情、语速、声音、重音、停顿等传达的副语言及文化信息。

(6)TED官网提供的视频均无字幕但在视频下面有一个独立的互动文稿,并同步显示演讲者的话语。这种技术支持使学生可选择听的方式,如视频、视频+字幕、先视频再字幕后视频。

(7)TED官网的可及性使得听什么、何时听、如何听成为现实。学生实现了制定目标、选择内容、控制学习进度的自控式学习。

TED视频最大的优点在于提供给学生纯正的、未加工的英语交际情境,通过语言形式、思想内涵、技术支持保证听力翻转课堂的运行。

（二）加入多样化教学工具

1. 英语歌曲欣赏

在学习之余,欣赏英语歌曲一来可使得身心放松,营造一个轻松的学习氛围;二来学生可以学习到英语歌曲中的一些表达方式、用词,同时可以学到一些英语发音的技巧等,能有效地激发学生的学习兴趣和动力。平台上的英语歌曲应该具有一些当地的文化特点,也可以选一些歌词有意义的歌曲;教师可以先让学生大致了解歌词的内容及旋律,再以填空、听写、提问、判断、排序等形式在平台上出题。

2. 影视作品欣赏

电影中丰富的故事情节牵引着学生,使学生主动融入其中,了解当地的风俗习惯,消除其心中的紧张感,有效帮助他们吸收知识、提高听力能力。从聚精会神观看至完全投入的状态,学生会很主动地跟着电影里的声音去说、去学。在之后的课堂英语讨论和交流的过程中,平常不敢交流的学生可能会受电影的影响发表自己的观感。

3. 英语竞赛视频

在平台上有一些优质的竞赛演讲视频,学生可以感受演讲时的语音语调和优秀演讲者的语言表达及他们的应变方法。在提高听力的同时可以学到一些演讲技巧。多听不同的声音,多从不同的角度看问题能更好地提高大学生的英语听力理解能力。

4. 访谈视频

看一些名人、明星的访谈视频对提高听力也有一定的帮助。学生会被名人、明星吸引,然后去看其视频,会带着好奇心去听其中的内容,对提高听力有很大的帮助。访谈的内容会涉及很多方面的信息,有情感上的沟通,有生活中一些感人的或是有意义的事例,有助于学生对谈话的内容产生共鸣。还可以从主持人讲话的语速、表情、姿态等一些细节中学到除听力外其他的主持技巧、紧急状况的处理方式等。

（三）建立多元化考核机制

在课程评价体系方面,"翻转课堂"教学模式以学生专业技能和综合素质的全面发展为教学目标,提倡自主学习和协作学习并重,因此在教学效果评价中必须打破传统的以期末终结评价为重心、以教师考核学生为主要手段的评价考核机制。要建立由教师评学生、学生自评、小组成员互评、小组自评和组间互评等方式构成的多元评价考核机制,并强调形成性评价与总结性评价相结合,使学生由被评价的对象变为评价的主人,而教师由以往的唯一评价者变为评价者之一和评价活动的组织者。

第二节 大数据驱动下的大学英语口语教学

一、大学英语口语教学简述

口语作为一种日常交流与沟通的重要工具,在英语教学领域是非常重要的。口语这一技能并不单纯具体,其与其他技能往往具有交叉、重叠的关系。在英语教学过程中,口语教学很难与其他技能区分开来展开。简言之,英语教师在进行口语教学的过程中,往往也会涉及其他教学技能的掌握。

（一）口语是综合性的语言素养

对于学习英语口语的学生而言,他们想要使用英语进行口语表达,首先就需要掌握一些英语的基础知识,如英语的节奏感、语音、语调、元音、辅音等，同时需要掌握一些会话的技巧，如在交际过程中如何礼貌地打断他人，如何礼貌地回复他人，等等。可见，英语口语能力的提升并不是一件容易的事情，学生除了要掌握发音外，还要掌握这门语言的功能。个体想要掌握一门语言，不仅要学会发音，还需要把握这门语言的其他方面的知识内容，如这门语言背后的社会习俗、文化背景、交际方式、社会礼仪等。可见，语言交际看似简单，其实相对复杂，是上述所有内容的一种综合体现。

（二）口语能力分析

人们对口语能力这一概念的理解往往不同，不同的理解通常会带来不同的教学效果。英语作为一门语言，是随着社会的发展而发展的，其学习理念同样会逐渐变化。在以前，人们认为英语教学的理念就是发展学生的语言能力，让学生掌握基本的语音、词汇、语法、句法，学生只要对这些知识有了充分的掌握，就会自觉学会运用，流利地使用这门语言进行沟通与交流。然而，现实情况往往与人们想当然的局面大相径庭，而这种理念引导下的教学结果的弊端也越来越大。

20世纪七八十年代，西方国家涌现出大量的移民，在美国、新西兰、加拿大等国家都是如此，在这一现状的影响下，语言学领域的研究者以及作为一线工作者的教师对语言学习的传统模式有了很大的意见，他们的理念开始发生转变。这些人认为，学生只掌握语言的语音、词汇、语法等知识并不能真正学会英语，更不意味着可以流利地开口讲英语，甚至不能利用自己所学的这门语言在社会上谋生。

随后，学者以及教师开始将英语语言能力看作交际能力的一个组成部分。有的学者认为，交际能力是语言学习者与他人利用语言这门工具所进行的信息互动，进而生成一种有意义的能力，这种能力区别于做语法、词汇知识选择题的能力。然而，学习者如果想要获取更加高级的交际能力，就必须对所使用语言的社会环境、文化环境有一定的了解。

社会语言能力往往指的是使用语言的人在不同的场合与环境中运用语言的能力,这一能力涉及的层面有以下几点。

(1)语域,即正式语言或非正式语言的使用。

(2)用词是否恰当。

(3)语体变换与礼貌策略等。

社会语言能力要求人们可以根据不同的场合、对象,将自己的意思准确、清楚、得体、流利地传达出来,充分维护自身的人际关系。策略能力可以帮助人们将一些难以表达出来的内容利用其他方式传达出来,如肢体动作等,从而顺利实现交际。语篇能力则要求人们可以清楚、有效地传达自己的信息,从而帮助听者顺利理解其中的意义。

(三)口语策略与具体技巧

1.利用课外活动练习口语

英语课程的课堂时间十分有限,学生仅仅依靠课堂上的学习时间往往很难满足自身学习任务的要求,所以教师应该引导学生自动利用身边一切可以利用的时间和环境来练习口语。在课外,学生学习的知识可以作为课堂教学内容的补充,如果教师能够利用丰富的第二课堂,即课外活动,那么学生自身的口语能力提升的速度将是显而易见的。例如,教师可以组织学生进行英语演讲、英语作文比赛、英语短剧表演等,让学生将自己的表演录成视频,在多媒体教室播放,学生通过观看视频来提出自己的建议与评价,这可以在短时间内提升学生的英语口语能力。此外,有条件的学校还可以邀请一些外籍教师为学生进行课外讲座,或者创办英语学习期刊,设立英语广播站,等等,让学生在丰富自己课余生活的同时体会到英语口语的乐趣,从而更加热爱英语口语学习。

2. 利用美剧学习口语

大学校园中,美剧十分流行,深受学生的喜爱。实际上,美剧并不仅仅是一种消遣方式,还是帮助学生认识西方文化、提高口语表达能力和交际能力的重要途径。对此,教师可以通过美剧来开展口语教学,以改善口语教学环境,激发学生的学习兴趣,锻炼学生的口语表达能力。

(1)选择合适的美剧。美剧通常语言地道、故事情节生动富有吸引力,是一种有利于激发学生兴趣的学习资料。美剧类型丰富,题材各异,不同类型的美剧对学生的口语能力所发挥的作用也不相同,因此在运用美剧开展口语教学时,教师要对美剧进行筛选,选择有利于发展学生口语水平的美剧。此外,教师还要提醒学生不要只沉浸在对美剧的欣赏中而忽视对美剧中语言知识和文化背景的学习,鼓励学生带着学习动机来观赏美剧。

(2)开展层次性的反复训练。在运用美剧进行口语教学时,教师应遵循循序渐进的原则,开展反复性的练习,逐步提升学生的口语能力。例如,在首次观看的时候,教师要引导学生将精力放在剧情上;在第二次观看时,教师可以引导学生对剧中的表达和语法等进行推敲;在第三次观看时,教师可以引导学生重点对人物说话的语气以及台词所隐含的内容进行挖掘和分析。分层逐步开展,可以有效加深理解和记忆,对提高学生的口语能力十分有利。

(3)关闭字幕自主理解。在看美剧时,很多学生习惯看字幕,脱离字幕将无法正常观看影片,实际上这样观看美剧对提高口语表达能力并不利。在观看美剧时,学生应对台词形成自己的理解,在不偏离剧情中心思想的情况下抛开字幕自主理解,可以有效锻炼英语交际思维。

(4)勇于开口模仿。学生要想通过美剧切实提高口语交际能力,就要在听懂台词、了解剧情的基础上开口说,即对剧中人物的台词进行模仿。只有不断地开口练习,才能培养英语语感,增加知识储备,进而提高口语交际能力。总体而言,采用美剧来辅助英语口语教学能有效提升学生的听说能力,还能提升学生的写作能力,进而培养学生的跨文化交际能力。

3.利用课堂活动练习口语

口语学习的目的是进行实际交际,所以学生只有在真实的情境中开口说英语,才能使自己的口语能力得到锻炼。对此,教师可以采用情境教学法开展口语教学,即创设真实的情境,让学生在真实的环境下学习口语。具体而言,教师可以通过角色表演和配音两种活动来创设情境,锻炼学生的口语能力。

(1)角色表演。教师可以根据教学内容让学生进行角色扮演,将主动权交给学生,让学生自主分工、自行排练,然后进行表演。这种方式深受学生喜爱,不仅能缓解机械、沉闷的教学环境,还能激发学生说的兴趣,让学生在真实的社会场景中进行社交活动,锻炼口语能力。当学生表演结束后,教师不要急于评价学生,应先给学生一些建议,然后再进行点评和总结。

(2)配音。配音是一种有效锻炼学生口语能力的方式,教师可以充分利用配音活动来提高学生的口语水平。具体而言,教师可以选取一部英文电影的片段,先让学生听一遍原声对白,同时向学生讲解其中的一些难点,然后让学生再听两遍并记住台词,最后将电影调至无声,让学生进行配音。这种方式可有效激发学生开口说的积极性,还能让学生欣赏影片的同时锻炼口语能力。

4.利用移动技术练习口语

随着科技的发展,移动通信技术开始蔓延至人们生活的各个方面,并且为人们提供了生动的、不受时空限制的交流方式。移动信息技术在教学领域也发挥着重要的作用,很多学者开始将其与口语教学相结合,来提高口语教学的效率。移动通信技术为学生的口语练习提供了全方位的支持,扩大了学生接触地道英语的途径,还实现了课内与课外的连接。

第六章　大数据驱动下的大学英语听说技能教学

（1）课前自学。在课前，教师会将课本中的内容要点制作成长度适中的视频短片，然后通过不同的方式传递给学生让学生学习。学生通过移动网络获得视频之后，可以根据自己的情况选择恰当的时间和空间进行自主学习。

（2）教师讲解。在学生课前自主学习的基础上，教师在课堂上重点就一些词汇、句式和语法项目进行讲解。讲解的过程不似传统课堂那样枯燥，而是结合视频资料，解决学生学习中的主要问题，同时为学生示范，引导学生不断练习。在此过程中，学生又可以进行大量的口语练习活动，口语水平会得到提升，而且能够加深对学习材料的认知程度。

（3）课堂互动。口语能力的提升需要学生互动和交流，因此在教师讲解之后应安排课堂互动活动。互动的形式要灵活多样，可以是师生互动，也可以是生生互动。这样可以创造轻松、愉悦的学习氛围，为学生提供锻炼口语的机会，使学生敢于开口用英语进行交流。

（4）课后的移动式合作学习。课堂教学时间是有限的，课堂教学只能引导学生对新知识进行初级的认知与练习。要想在真实情境中对语言进行更深层次的运用，则必须依靠课后的时间。教师可以本单元的主要内容与知识点为依据，为学生安排开放式的真实任务，以此来引导学生通过合作方式进行口语交际，使他们在探索语言运用方式的过程中扩展新知，并在发现问题、分析问题、解决问题的过程中培养创新思维。

（四）大学英语口语教学的现状

1. 口语教学时间有限

在英语教学的过程中，英语教师将课堂上的大部分时间都用在了讲解单词、句法、课外上，给予学生练习口语的时间是极其有限的。口语学习并不是一蹴而就的，是一个长期训练的结果，口语能力的提高也是一个循序渐进的过程。由于一些教师与学生并没有认识到口语的重要性,导致英语口语教学并不能真正独立出来,仅能作为整体英语教学的一部分而存在。整体英语教学的时间是有限的,所以能够分配给口语教学的时间更少,口语教学的效果自然不能称心如意了。

2. 对口语能力重视不够

随着时代的发展,越来越多的教师与学生都已经了解到英语口语的重要性了。话虽如此,但在实际的教学过程中,教师以及学生对英语口语的教学依然存在不够重视的情况。很多教师认为,学生学习英语只要能读、会写就可以,口语能力的提高相对比较困难,所以很多教师并不能认真对待,这些错误观念导致学生对英语口语的练习也不能给予足够重视,即便到毕业之后,很多学生的英语口语依然很拙劣。

3. 学生压力大、不愿开口

对于大多数高校的大学生而言,由于英语基础、水平差异较大,另外还受到一些心理因素、生理因素、文化因素、家庭因素、情感因素等影响,很多学生并不愿意在口语课堂上开口讲英语,怕被老师、同学笑话是这一现象的主要原因。

二、大数据驱动下大学英语口语教学的原则

在英语口语教学中,教师应遵循科学的教学原则,以有效提高学生的口语水平,提升教学的效率。具体而言,可遵循以下几项原则。

(一)先听后说原则

在英语语言技能中,听和说是相辅相成的,听是说的基础,俗话说"耳熟能详",只有认真听、反复听、坚持听,才能最终说一口流利的英语。因此,英语口语教学应当坚持先听后说原则,即教

师首先应注意加强学生听的能力,其次才是说的能力。只有坚持先听后说原则,才能帮助学生掌握正确的发音,为训练口语能力打下良好基础。

(二)循序渐进原则

口语能力的提升需要一个很长的过程,不可能一蹴而就,因此在英语口语教学中,教师应遵循循序渐进原则,即由易到难、由理论到实践,层层深入,逐步提升学生的口语能力。我国的大学生来自全国各地,不仅英语水平参差不齐,发音也会受方言的影响,因此教师在口语教学的过程中首先应该解决学生语音、发音层面上的问题与困难,纠正他们的错误发音,让学生根据从简单到复杂的程序,从语音、语调、句子、语段等逐步进行锻炼。另外,教师在安排与设计教学步骤时要遵循科学原则,充分把握难易程度。如果教学目标定得太高,学生学习起来会有压力;如果目标定的太低,学生学习起来会缺乏挑战性和乐趣,因此教学目标设计要适度,符合学生的实际水平。

(三)内外兼顾原则

所谓内外兼顾原则,是指考虑问题时要顾及内、外两个方面。在这一原则的指导下,教师在英语口语教学的过程中不仅要重视课堂教学,还需要引导学生合理利用课外活动来练习口语。事实上,学生的口语学习应该以课堂教学为主,并且将课外活动中的口语学习作为课堂学习的一种补充,二者相互促进、相互配合。在课堂教学练习的基础上,学生开展相应的课外活动,可以将课堂上所学习的知识在课外活动中进行充分实践,从而达到复习、巩固知识的目的。此外,学生在课外活动中还可以运用课堂上所学习的理论知识,将知识内容转化为技能。与课堂活动相比较而言,课外活动的氛围比较轻松,学生的心情也会十分愉悦,在这种放松的心情下来练习口语将会取得令人意想不到的效果。在课程结束之后,教师为学生安排作业与练习之前,可以将学生分组,让学生以小组为单位来完成作业,通过相互讨论小组任务,可以帮助学生提升自身的口语能力,同时可适度加强学生的团结协作能力。

三、大数据驱动下大学英语口语教学的方法

(一)注重网络测试与实施人机对话训练

基于信息技术,大学英语口语教学可以让学生充分发挥自主学习能力,教师可以让学生利用信息技术进行自我口语水平的测试与评估、人机交互口语练习。另外,教师还可以利用信息技术批改学生的英语口语作业。教师还可以为学生布置英语口语方面的练习作业,让学生利用网络下载相关资料,展开自主练习。

(二)注重过程评价与教师科研相结合

众所周知,科研的进行主要是为了给教学提供更好的服务与指导,充分促进教学成果的提升。简单而言,教学与科研之间的关系是紧密的。在教学的具体过程中,教师可以根据评价结果以及教学过程中自己所发现的问题记录工作日志,在反思过程中改进教学方法,这不仅可以改善教学的效果,还可以大大提升教师自身的科研能力。

(三)课中线下交流 + 信息技术

课堂教师检查学生口语预习任务的完成情况,教师的角色由传统的操控者变成了指导者。课堂口语活动除了面对面的口语交流外,还可以通过QQ群发语音参与口语活动,使所有学生都有参与机会,增加课堂参与度。教师对口语表达进行反馈,根据雅思口语评价标准,从流利性和连贯性、语音、词汇多样性、语法多样性和准确性四个方面指出口语表达存在的问题,帮助学生诊断口语水平,进而更有效地学习。课中也会合理运用慕课资源,

辅助大学英语口语课堂教学,实现课堂教学与网络信息技术的深度融合,提高大学英语口语教学效果。

课堂口语教学依托阅读、听力和写作教学。学生在听的基础上进行复述、讨论等口语活动,以听促说。在阅读教学过程中,教师针对文章内容提出一些具有挑战性的问题,培养学生的思辨能力和英语综合运用能力。每个单元的课文要求学生朗读,帮助学生发现语音问题,提高发音水平。要求学生运用所学语言知识对文章进行复述,利用学习通,上传语音,部分同学课堂复述展示。适合角色表演的文章要求学生进行表演,就文章的某些观点进行辩论,使课堂口语活动形式更加多样。口语活动结束后,要求学生对同一任务进行写作练习,使口语表达和写作结合起来,培养英语交际技能和思辨能力。

(四)课后"线上+线下"拓展学习

课后拓展学习包括基于网络信息技术的线上学习与线下学习。利用校园听说在线课程巩固课堂教学效果,利用网络信息技术重复练习部分课堂口语学习活动,上传至学习通,提高口语表达的流利性、准确性和自信心。结合课堂教学布置新的交互活动,包括角色表演、看图说话、讨论、单元项目等,学生线下准备,然后通过手机录像上传到学习通,随机选取学生下节口语课进行课堂展示。学生利用教师推荐的慕课链接和口语学习网站,课下线上自主学习。教师利用微信直播等形式答疑解惑。这些口语任务使口语学习从课堂延伸到课外。课后鼓励学生积极参加第二课堂:英语角,话剧表演大赛,朗诵比赛,辩论赛,英语演讲比赛,英语配音大赛等活动,进行线下学习,拓展英语口语输出途径,发挥英语的工具性作用,提高英语交际能力。

第七章　大数据驱动下的大学英语读写技能教学

对于一门语言的学习而言,读写是其中比较重要的两项技能,英语这门语言同样不例外。中国学生都是在汉语环境下学习英语,缺乏真实的英语交际环境,因而一直以来学生的英语学习效果并不尽如人意。在当前大数据时代背景下,大学英语教师可以利用先进的信息技术、大数据技术来帮助学生学习英语。本章就针对大数据驱动下的大学英语读写技能教学展开分析。

第一节　大数据驱动下的大学英语阅读教学

阅读能力对于每个人而言都是至关重要的,因为一个人想要了解更多的知识,就需要通过阅读大量的书籍来实现。对于大学英语阅读教学而言,其重要性是不言而喻的。

一、大学英语阅读教学简述

阅读是学生学习英语时必须掌握的一项技能,也是对学生英语水平进行衡量的一项重要指标。通过阅读,学生可以获得丰富的信息,拥有丰富的体验,感受语言带给自己的文化魅力。但是,阅读并不是简单地接收信息的过程,而是一种复杂的交际与思维活动,其不仅受到语言能力的影响,还会受到文化因素的影响。因此,在阅读教学中,只有重视对文化内容的教授,并将跨文化内容融入英语阅读实践中,这样才能真正地提升学生的阅读理解与应用能力。

(一)阅读的内涵

在语言学习过程中,阅读能力一直都发挥着重要的作用,因此很多国家都十分重视阅读。例如,美国做过"美国阅读动员报告",英国启动了"阅读是基础"运动,两国还投入了大量人力和财力来推动国民阅读能力的培养。在中国教育教学中,阅读能力也深受重视。关于阅读的定义,不同的学者发表了不同的看法。

很多学者都认为阅读涉及读者和阅读文本,并且认为阅读是这二者之间的交流互动。简单而言,阅读就是读者积极运用已经掌握的语言知识和背景知识等对语言材料进行处理,同时获取信息的过程。总而言之,阅读就是读者赏析、探究文章的一种行为活动,在这个过程中读者和作者可以形成思想上的默契。

在大学英语阅读中,学生不仅需要理解词汇、语法、句意,还要通过背景知识和已有经验不断地体会、领悟作者的写作意图和文章主旨。做到了这些,才算是掌握了文章的深层内涵,也就达到了阅读的最高境界。

(二)阅读的模式

英语阅读模式包括三种:一是自上而下模式;二是自下而上模式;三是交互作用模式。每一种阅读模式都有优势和弱势,学生应该根据自己的目标或者具体情况来选择相应的阅读模式。只要学生掌握了一定的阅读技巧,就能快速地摸索出一条属于自己的阅读道路。教师也应该根据时代的要求不断创新自己的教学方法,以符合学生的学习发展需要。

1. 自上而下模式

自上而下的阅读理论模式是由哥德曼(Goodman,1971)首次提出的,简单地讲,这种模式就是从宏观到微观的顺序来理解文章。运用这种模式的学生先是从整体上理解文章的主旨和背景知识等较高语言层面的知识,然后带着理解的成果去把握词汇、句子和段落等较低语言层面的知识。

可想而知,这种阅读模式对于逐词逐句的阅读模式是相当否定的。这种阅读模式更多的是站在一种语篇的角度来理解整个文章。所以,这种阅读模式适合于略读,因为略读要求学生能够快速浏览篇章,抓住中心思想。更何况现在面临一个网络信息时代,信息更新速度快,网络上充满着各种信息,人们需要大量的阅读和获取信息,所以培养快速阅读能力就成为实施素质教育的内在要义。另外,在考试中,如果在阅读上消耗过多的时间,那么就无法有质量地完成其他试题,这就对总的考试成绩有很大的影响。这么看来,阅读速度的培养是当今阅读中的一个重要方面。

但是,该模式的弱势也是很明显的。如果学生的英语基础比较差,在使用这种模式的时候会显得力不从心。

2. 自下而上模式

和上面的模式正好相反,自下而上模式是从微观到宏观的理解。也就是说,自下而上模式是先理解词汇、语法等较低的语言层面,然后在此基础上理解语篇的中心思想和作者的情感意图。

事实上,自下而上模式对于当前的英语教学改革是有一定的阻碍作用的,无法真正提高学生的阅读能力。原因在于,学生在运用这一阅读模式时,只需要关注语言形式方面的信息,而不需要对上下文或者背景知识做出思考或者分析。

3. 交互作用模式

鲁姆哈特(D.Rumelhart,1977)提出了交互作用模式,该模式实际上是前两种模式结合后的产物。交互作用模式也叫作图式理论模式。运用这种阅读模式,学生可以更加深刻地理解篇章,更有效地领悟作者的写作意图。更重要的是,这种模式对于学生英语综合技能的提高至关重要。

在现代英语阅读教学中,教师大多倾向于让学生使用这种模式,也就是先运用自上而下的模式从整体上把握篇章,然后再运用自下而上的模式来理解语言知识。

基于这种模式,教师一般采用三段式教学法:阅读前教学法、阅读中教学法、阅读后教学法。

（三）阅读能力

英语阅读能力包含以下三个心理过程,这也是阅读的心理机制。

1. 知觉语言符号

英语阅读的第一个过程就是知觉语言符号,即对句子进行有意义的分割。书面材料的难度、读者的认知结构及理解英语语言的能力都影响着句子分割的速度。

2. 编码语言符号

编码语言符号是英语阅读必不可少的一个环节。在这一环节中,人的大脑将接收的语言符号转变为简单易懂的内部语言,并转入短期记忆模式中。

3. 重组信息

对语言符号进行编码解读之后,就进入了第三个阶段,即对信息进行重组。只有对信息进行重组并存入长期记忆,阅读的知识才能真正归读者所有。对于阅读效果而言,记忆效率是十分重要的,如果所阅读的内容没有被记住,那就等于没有阅读。不过,长期记忆虽然容量大,但是速度相对缓慢。存储于短期记忆中的信息需要经过重新编码之后才能进入长期记忆。阅读内容进入长期记忆的过程,需要内部语言的参与,它是思维的核心。内部语言的特征有三个,即无声、简化、思考。长期记忆的对象是思想活动,进入长期记忆的信息是有组织地进行排列的,这样更有利于检索。检索的速度对阅读效率有着关键的影响,这也从侧面体现了记忆的结构性和组织性。

(四)大学英语阅读教学的现状

英语阅读教学的地位在整个英语教学体系中举足轻重,是我国英语教学的重点和难点,并且依然存在着一些问题。

1. 学生方面

(1)英语阅读的动力不足。从中学进入大学后,学生摆脱了家长和教师的严格监督,因此大学的学习主要依靠自主性来推动。如果学习的自主性不强,学生就会浪费大把时间。另外,很多学生进入大学后一下子松懈了,错误地将考试当成唯一的学习目的,英语阅读的动力明显不足。如果阅读材料的篇幅过长,或者难度过大,学生就更加没有动力完成阅读了。

(2)词汇量和阅读量都小。篇章是由许多词汇构成的。显然,没有一定的词汇量,英语阅读是无法进行下去的。要想提高英语阅读能力,词汇量是基础,足够的阅读量是前提。在词汇量薄弱的情况下,扎实的阅读技巧是没有用武之地的,是无效的。进入大学以后,英语阅读所要求的词汇量相比于中学阶段有了大大的增长,并且同义词、近义词繁多,词义之间的区别和差异模糊、难以辨认,这给学生的学习增加了难度,对学生的目标要求也就不一样了。英语阅读综合能力的提高,需要学生在掌握充足的词汇量的前提下进行大量的阅读。当然,词汇量和阅读也是相辅相成的,词汇量是通过阅读加以积累的,而词汇量又进一步推动着阅读的进行。

(3)文化背景知识的缺乏。英汉文化差异相信已经被教师提过很多次了,但是学生需要真正认识到汉英文化差异的具体方面和具体情况。原版的英语文章都是以西方文化为背景来进行写作的,中国读者在进行阅读的时候就得转换思维。中国读者需要有着充足的西方文化知识,这样才不会给阅读带来障碍。但是,如果不了解西方文化，英语阅读可能就无法连贯地进行。

2.教师方面

（1）课堂上教学模式落后。在一些英语阅读课堂上，传统英语教学的影子还没有完全消失。虽然教育学界一些专家都在倡导先进的英语教育理念，但是真正让这些理念落地，还是困难重重。我们还是会在大学英语阅读教学课堂上看到这样的情景：教师在上面讲得津津乐道，学生在下面认真聆听，还做着笔记。教师是在逐句讲解阅读文章里的新词汇、句型、语法等，然后分析文章里的问题，这样的英语阅读课有点变味了，倒像是一堂语法课。关键问题是学生还习惯了这样的教学模式，久而久之养成了被动的学习习惯，自己缺乏思考、缺乏实践。课堂缺乏互动，这样不仅减少了阅读兴趣，也无法真正提高学生的英语阅读能力。

（2）课外缺乏监督。大学的课时有限，很多阅读主要是在课外完成的。虽然教师布置了课外作业，但因学生长期形成的依赖教师的思想，如果教师不抽时间检查学生的课外作业，学生很可能就不会认真对待课外作业。课堂的阅读量是很小的，加上学生对待课外阅读不认真，导致难以提高阅读能力。

（五）大学英语阅读教学的策略

阅读是一种积极的交际活动，它是读者运用已掌握的语言、背景等各方面的知识对语言材料进行处理，并获得信息的过程。有效开展大学英语阅读教学，对培养学生阅读能力和交际能力具有重要意义。这就需要在遵循基本教学原则的基础上采用创新性的教学方法。

1."阅读圈"教学法

所谓"阅读圈"，是指一种由学生自主阅读、自主讨论与分享的阅读活动。[①]在阅读圈内,每位学生自愿承担一个角色,负责一项工作,并进行读后反思。阅读圈模式的目的是鼓励学生阅读和思考,其活动效果在很大程度上取决于小组成员在前期是否做好了充分的准备工作。采用"阅读圈"教学法开展阅读教学,对于提高学生的阅读兴趣和教学效果具有重要意义。在大学英语阅读教学中,"阅读圈"教学法的实施步骤主要包括以下几个。

(1)设计任务。首先,教师以某个文化专题为教学内容,明确教学目标,选定学生在课堂以及课外需要阅读的材料,设计好相应的需要学生进行讨论和分析的问题,并规划好学生完成这些任务的学习模式。

(2)布置任务。接下来教师要向学生布置具体任务。教师可以让学生自由组合成"阅读圈",每个小圈子为6—7人。圈子形成后,教师要让学生清楚地了解详细的学习要求和规则。此外,教师可以鼓励学生在自己的阅读圈内承担一定的角色,具体角色示例如表7-1所示。

表7-1　阅读圈各成员的角色分配示例

角　色	具体任务
讨论组织者	主持整个讨论过程,并准备相关问题供圈内成员讨论
词汇总结者	摘出阅读材料中与文化专题相关的重点词汇和好词好句,引导圈内成员一起学习
总结概括者	对所有阅读材料的文化元素和内容进行总结并与组员分享,并总结、评价小组活动的内容和成果
语篇分析者	提炼阅读材料重要的语篇信息并与圈内成员分享
联想者	将所读阅读材料与文化专题相对应的中国文化的内容建立联系,结合最新的社会文化发展动态进行批判断性评价
文化研究者	从阅读材料中找到与自己相同、相近者或者不同的文化元素和内容,并引导圈内成员进行比较

(资料来源:刘卉,2018)

(3)准备任务。在布置完任务之后,教师引导学生进行独立

[①] 刘卉.大学英语文化教学中阅读圈教学模式的构建与探索[J].教育现代化,2018(45):236—238.

思考，并让学生对需要讨论的问题及自身的思考结果形成文字。此外，由于阅读圈内各成员承担着不同角色，教师应鼓励学生完成各自任务，自由表达自己对文化的不同看法。

（4）完成任务。在此阶段，阅读圈内的成员依次汇报、分享自己的阅读成果，对所读内容进行信息加工、思维拓展，确定小组汇报的内容，最终形成PPT，在课堂上展示核心成果。这一阶段是学生汇报并自由讨论的阶段，有助于启发学生的多元思维，深化文化内容的探讨，因此教师要引起足够的重视。而教师作为活动的组织者和指导者，要掌控整个讨论过程，对讨论过程中可能出现的争论不休或偏离主题等问题进行及时解决。

（5）评价任务。在完成任务之后，需要对任务进行评价，教师可以鼓励各个阅读圈进行自评与互评。在互评时，可以根据每个阅读圈展示的阅读成果以及成员讨论表现进行打分。学生互评完成后，教师可以进行总结，对各阅读圈及学生自身的表现进行点评。需要注意的是，教师在点评时要注意尊重学生对文化的不同观点，重点关注学生思想的深度和广度，同时对那些积极参与讨论的学生提出表扬，以此带动全班同学积极参加此类活动。

2. 文化导入法

在阅读教学中导入相应的文化知识，能切实提高学生的阅读水平，还能培养学生的文化素养。具体可以采用以下两种方式导入文化知识。

（1）介绍文化差异，激发学生阅读兴趣。兴趣对于学习而言至关重要，它是激发学生积极学习的内在动力。因此，在大学英语阅读教学中，教师可采用适当的方式方法来激发学生的阅读兴趣和热情，调动学生的积极性，使学生获得文化知识，提高阅读水平。其中，在阅读教学中进行英汉文化差异的介绍和分析，就是一种调动和培养学生学习兴趣的有效方法。向学生渗透英语文化知识，并比较英汉文化之间的差异，可以激发学生的学习兴趣，还可以丰富学生的文化知识，扩大学生的视野，巩固学生的阅读能力。

（2）培养学生的文化意识。很多学生认为,自己已经具备一定的词汇和语法知识,也掌握了一定的阅读技巧,阅读和理解某些材料不成问题,不需要掌握什么文化知识,结果是其在阅读某些材料时十分吃力。而这主要是由于欠缺文化能力造成的。对此,教师应在课堂教学中有意识地培养学生的文化意识。此外,限于课堂时间有限,教师可以充分利用课外时间,向学生推荐一些英语文学作品让学生在课下阅读。通过阅读英语文学作品,学生能切实感受西方文学和文化,从中掌握词汇,习得语法,积累大量素材,养成良好的阅读习惯。

二、大数据驱动下大学英语阅读教学的原则

（一）激活背景知识原则

文化语境知识即所谓的背景知识,是读者在对某一语篇理解的过程中所具备的态度、价值观、对行为方式的期待、达到共同目标的方式等外部世界知识。在英语阅读教学中,背景知识是重要的组成部分,尤其是对母语为汉语的人来说,阅读那些源自汉语文化背景的著作要容易一些,但是阅读那些不同文化背景下的相关著作必然会遇到困境。要想对以英语文化为背景的语篇有深刻的理解,必然需要具备相关的文化语境图式,这样才能实现语篇与学生文化背景图式的吻合。读者的背景知识会对学生的阅读理解产生影响。其中,背景知识包含学生在阅读语篇过程中所应该具备的全部经历,包括教育经历、生活经历、母语知识、语法知识等。如果教师通过设定目标、预测、讲解一些背景知识,读者的阅读能力就能够大幅度提高。如果学生对所阅读的话题并不清楚,教师就需要建构语境来辅助学生的学习,从而启动整个阅读过程。

具体来说,教师在进行备课时要精心准备教材,弄清弄透英

语阅读教学中存在的文化语境空白,对材料进行精心的选择,或者为学生提供某些线索,让学生通过一定的手段和方式处理语篇中涉及的文化背景知识。当然,由于课堂时间是非常有限的,学生不可能解决所有不熟悉文化背景知识的内容,这时候就需要教师充当建构新文化语境的工具。教师需要了解学生在自主学习中遇到的问题,帮助学生顺利理解所学的知识与材料。

（二）重视一般词汇教学原则

对于英语阅读而言,词汇是必不可少的组成部分,也是顺利进行阅读的基础。作为一名英语教师,应该理解词汇在阅读理解中所扮演的角色。学生理解基础词汇,有助于他们在阅读上下文时猜测出一些低频词汇的含义。根据研究显示,那些经常阅读学术性文章的学生对术语应付的能力要明显强于应付一般词汇的能力。因此,学生如何积累一般的词汇是教师需要关注的问题。

在词汇积累教学中,单词网络图是比较好的方式。在英语阅读课堂上,教师可以给出一个核心概念词,然后让学生根据该词进行扩展,从而建构其他与之相关的词汇。需要指出的是,高频词教学在词汇积累中是非常重要的,其有必要渗透在英语听、说、读、写、译教学之中,并在细节层面给予高频词过多的关注,这样才能便于学生顺利完成阅读,并根据这些高频词顺利猜测陌生词的意义。

（三）把握阅读教学关键原则

受中国应试教育的影响,阅读教学与其他教学一样,教师将更多的关注点放在教学检测结果之上,而阅读理解中的理解却被忽视。实际上,成功完成阅读的关键就在于完善与监控阅读理解。为了能够让学生学会理解,可以从学生的自我检测入手,并鼓励他们同教师探讨具体的理解策略,这是元认知与认知过程的紧密结合。例如,教师不应该在学生阅读完一篇文章之后,提问学生关于理解的问题,而是应该为学生示范如何进行理解。全体学生一起阅读,并一起探讨,这样便于每一位学生理解文章的内容。

(四)速度与流畅度结合原则

英语阅读教学存在一个严重的困难就是,虽然学生具备了阅读的能力,但是很难进行流畅的阅读。也就是说,教师将更多的关注点放在学生阅读的准确性上,而忽视了学生阅读的流畅性。这就要求教师在阅读教学中应该找寻一个平衡点,不仅帮助学生提高阅读的速度,还要再保证学生阅读的流畅性,这是阅读教学培养速度的最终目的。一般来说,学生阅读的过程不应该被词汇识别干扰,而是应该花费更多的时间研读内容及语言背后的文化。要想提升阅读的速度,一个好的办法就是反复进行阅读。学生通过反复的阅读,直到实现速度与理解的结合。

三、大数据驱动下大学英语阅读教学的方法

将信息技术与大学英语阅读教学相融合,大学生可以利用信息技术搜索与学习自己喜欢的英语知识。但是,这并不意味着学生的网络搜索是漫无目的的,其中离不开教师的指导与引导。如果教师对学生的阅读学习不管不问,那么即便信息技术再发达,学生自身的阅读兴趣以及阅读能力也是很难有效提升的。因此,大学英语阅读教学中融入信息技术离不开教师的充分参与。具体而言,教师可以采用如下几种方式。

(一)发挥网络互动优势,激发学生的学习兴趣

教师可以利用信息技术为学生的英语阅读创建一个平台,让学生充分参与其中,利用这一平台来扩展自己的阅读能力。利用信息技术,教师可以为学生准备阅读的丰富资料,实现阅读资源共享。在教学过程中,教师可以依据教材中的内容为学生建立一个网络阅读资料库,将教材中阅读的重点、难点都上传到网络上,同时为学生补充适当的课外知识,以拓展学生的阅读视野。此外,

为了避免学生在阅读学习中出现乏味情绪,教师还可以在学生阅读的资料中添加一些图片、视频、漫画、音乐等,在材料的格式、设计上也可以体现自己的特点,让学生爱上英语阅读。

(二)科学合理地选择阅读材料

显然,学生阅读能力的提高离不开大量的练习,换言之,英语阅读是一门技巧训练的课程,需要花费大量的时间进行阅读训练。因此,这就要求教师为学生准备科学的阅读材料。在信息技术的帮助下,教师可以为学生找到一些贴近课堂教学内容的阅读材料。在开始上课之前,教师可以为学生布置一些阅读要点,让学生自己上网搜索浏览,这可以在一定程度上培养大学生的查询以及获取信息的能力。随后,教师将自己所准备的阅读材料发给学生,让学生通过小组的形式阅读与交流,并分享心得。等到课堂结束的时候,教师可以安排学生对这次阅读活动进行总结,每一位学生都要写出总结报告,然后教师对学生的报告给予口头评价。

(三)科学地进行评估与分类指导

教师除了利用信息技术在课堂上授课之外,还可以利用信息技术对学生的学习成果进行评估。在设计一套合理教学评估方案之前,教师可以利用网络技术搜索与阅读相关的评价理论或内容,进而结合自身所教授的阅读材料中的生词、语法、词汇量、句法等知识来设计评估内容,如此获取的评估结果将可以充分了解学生的阅读水平。同时,教师还可以对学生的评估结果进行线上统计,对学生阅读的时间、阅读的效率也有充分的了解。

(四)实施英语阅读混合式教学

1. 教学内容方面

如何设计有趣、吸引学生注意力的阅读课程?偏离常规的教学内容往往会在学生的心理占据突出位置,给他们留下较为深刻的印象。不少教师通过调查发现,超过80%的学生都不满意他们已有的阅读教材内容,很多教师也表示有类似的体会。如果让学生学习了教材文本以外的知识,学生的兴趣度和掌握度都会大大提高。有趣且吸引学生的阅读课程首先应基于学生所处的环境与生活,或者说,学生所学课程的知识应具有一定的实用性。英语阅读教学中呈现的知识也必须具有其校园价值和生活价值。因此,教师有必要为学生创设一些灵活的变式内容,真正做到学生"愿意学、有所学"。

从一定意义上讲,对当前教学内容的优化可通过在线学习平台,在培养学生人文素养的同时,大幅度加入学术和专业英语内容,探索以培养"专业型英语人才"为目标的教学创新改革方案。与专业有关的英语阅读课程既不是单纯的语言课,也不是单纯的专业课,而是一门将语言应用与专业知识紧密结合的课程。专业英语不仅涉及科技英语的一般特征,又涉及一定的专业内容及信息交流,二者相辅相成。专业英语有别于基础英语的最大不同之处是长句多,专业术语多。因此,教师应围绕专业交流的实际需要,要求学生掌握一定的专业英语词汇、语言特点,培养他们综合运用英语知识和专业知识解决具体问题的能力。

首先,教师根据自己所任教的班级专业,从国内外权威英文报刊选取合适的专业阅读文本,作为课堂教学的延伸和拓展。例如,美国的《科学杂志》《经济学家》等报刊涵盖了最前沿的科技文章,综述和分析基于报刊阅读的学科动态有助于学生了解本学科领域内的专业前沿,拓宽学生的专业视野,同时提高英语学习的兴趣。有学者从以下三个维度剖析了新闻报刊的价值。

第一个维度是从报道事件本身来考察新闻的"新"之处,如新闻中所涉及的人物以及他们对人们生活带来的影响。

第二个维度是参照新闻工作者对事件所持有的观点,新闻价值被视为某种认知,这种认知可以是新闻工作者的某种态度抑或是他们所参照的某种准则或规范。

第三个维度是剖析新闻形成过程中所涉及的各种材料,包括

第七章　大数据驱动下的大学英语读写技能教学

输入材料(新闻稿、其他相关网站、文本、图片、视频等)和输出材料(实际的新闻报道等)。

将这三个维度运用到阅读文本的价值衡量中,可做以下尝试。

参照第一维度,专业性的学术报道可让学生了解本专业的学术领军人物;参照第二维度,可设计诸如评析或质疑报道中某项内容或某个观点之类的任务,要求学生从各个层面对已有的内容或作者的观点进行佐证;参照第三维度,可让学生进一步搜索报道的相关材料,拓宽信息源,进一步挖掘主题内容。

当然,除了时效性很强的报刊材料,学生课后还可以从海量的在线资源中,随时进行英语阅读学习。例如,对于医学专业的学生,最后在撰写学术小论文时学会囊括以下方面:什么是医学、医学界的成就、医学基本原则、疾病的因与果、基本医学学科、公共卫生健康、医学界当前存在的问题、医学的未来发展趋势和前景等。

教师在设计具体的阅读教学内容时,可先训练学生的基础词汇解读能力,再逐渐过渡到话语分析、语法形式、体裁分析等较高要求的操练。其中,词汇层面的目标是让学生通过大量的文献阅读收集广泛出现于各个学科的学术性书面文字中、构成较高比例行文文字、在篇章的结构或修辞等方面起重要作用的学术词汇。对教学素材的深度分析,教师可考虑向学生展示专业阅读中的几种主要语言功能:下定义、解释、举例说明、描述、对照等。翻译层面的目标是让学生翻译国外新鲜出炉的与学生专业有关的科普文章或学术报道(以短篇为主),同时要会翻译学术文章的摘要。写作层面的目标是让学生撰写本专业领域内的学术文章,并能质疑已读文章中的作者观点。

当前的英语教师仍不可能也无法做到完全脱离教材进行教学。基于教材的通用英语教学,作为当前混合式教学模式下线上教学的主要内容,有必要进行某种程度的改进。很多学生认为,当前的教学视频中缺乏创新和趣味性,基本以词汇和语法讲解为主。

因此,教师在制作视频时,不妨以单元文章的语篇分析为切入点,分析教材文本中的语言偏离现象,增强学生对语言的敏感度和兴趣度。在视频制作时,可引入时事热点解析、报刊解读、名人名言的赏析等。

关于在线作业,教师可忽略阅读等应试性强的板块,增加字谜题、闯关题等多样化的作业形式。教师也可以考虑从学生出发,让学生制作基于教材的学习视频,再上传至网络教学平台,通过与同学、教师的互动,创建各种形式的教学内容。

2. 教学平台方面

混合式教学资源与平台建设可有效促进线上与线下学习的融合。然而,目前很多院校没有专门的混合式学习平台,很多只是在数字化资源的基础上改造而成,这使得线上课程与线下课程资源的整合缺乏全方位的技术支撑,导致教学效果不佳。当然,很多学校会使用适用性较强的专门网络课程平台。

随着科技的更新与发展,学习平台的搭建与应用也逐渐呈现多样化。学生对当前的学习管理系统仍有很多的质疑。因此,为保证混合式阅读教学的质量,有必要为学生提供一个多元的混合式学习平台,克服已有学习平台的不足。多元化的混合式学习平台应根据学生的学习进度和特点,实现灵活的同步和异步学习。教师和学生也可自主开发异步学习的方式,如自建在线平台、微信、微博等互动性较强的在线辅助教学手段。

通过自建网平台,可实现"按需选择"的自主学习方式,克服了已有学习管理系统的一些不足和不便之处。针对英语阅读教学中专业英语与文化传授的缺乏而设计出的自主学习系列课件,将专业英语素养与文化素养培养相结合的方式,做到让不同专业的学生可以各取所需,点击自己喜欢的专业文章进行自主学习,克服了已有教学网络平台未从学生实际需要出发的弊端。

目前,学生在使用已有网络教学平台进行学习时,仍有不少问题,也就是说,学生对平台并未留下深刻印象。创建符合学生需求和特点的平台可加强学生对平台的信任度和使用度。

第七章 大数据驱动下的大学英语读写技能教学

例如,为开展通识阅读,高职英语专业采用外语教学与研究出版社研发的爱洋葱双语阅读教学服务平台(以下简称"平台")开展混合式阅读教学。该平台提供标注难度系数的分级原版阅读资源、中英双语对照,并可根据不同学校的教学需求制定个性化书单。学生可以随时随地通过电脑、iPad 或手机登录平台,各终端进度实时同步,支持书内书签、班级阅读圈互动和书评写作等操作。平台还能实时记录学生的阅读行为,如阅读内容、阅读量、阅读时长、阅读进度和阅读效率等,并对此进行大数据分析和评估,以供教师动态监控和评估之用。目前国内多所本科高校已使用该平台开展通识阅读教学,高职英语专业亦可根据学生的语言水平推广通识阅读,让《英语阅读》课程回归经典阅读。

使用《中国英语能力等级量表》中的阅读理解能力自我评价量表对 109 名高职英语专业大一新生进行前测,并以其高考英语成绩作为辅助参考,结果显示大多数学生(78%)的阅读自测水平为 4 级,即他们认为自己能"阅读简短的故事、散文或说明文;能读懂旅游见闻中关于事件、人物、地点等信息;能从社会生活相关的简短议论文中分析作者的观点;能利用略读、寻读、跳读等不同的阅读技巧,找出文章中的重要信息"。阅读自测水平为 5 级和 3 级的学生比例分别为 10% 和 12%。根据以上前测结果,选取牛津书虫英汉双语读物系列中的四、五、六级构成阅读书单,如《小妇人》《理智与情感》《呼啸山庄》《远大前程》《纯真年代》《远离尘嚣》《简·爱》《傲慢与偏见》《雾都孤儿》《名利场》《苔丝》等世界经典名著,其标注难点从高中一、二年级至大学低年级不等。作为世界上著名的经典文学略缩读本,经牛津语言学专家改写后的原著其词汇和语法难度符合不同英语学习者的特性和能力;且大多数读物为小说体裁,复杂有趣的人物关系、鲜明突出的人物性格、跌宕起伏的故事情节使该系列读物具有很强的可读性和可理解性。由后台工作人员为学生录入每学期的个性化阅读图书,其中必读书 1 本,选读书 5 本,同时开启班级阅读圈,并根据授课教师的要求设置阅读平台的形成性评价构架。

总之,对教学平台的优化需要混合式教学的教师结合所教课程的具体特点以及学生的学习风格、学习需求等,努力开发简单、易操作并能真正提高学生学习的多元化在线学习方式。同时,对于平台使用问题,校方、技术方和教师等应共同努力解决。

第二节 大数据驱动下的大学英语写作教学

一、大学英语写作教学简述

(一)写作策略与具体技巧

1. 自由写作

自由写作(free writing)就像是一个开启思维情感的闸门,是一种思维激发活动(brainstorming)。其主要目的是克服写作的心理压力,激发思维活动和探索主题内容。

(1)寻找写作范围。在进行自由写作时,首先要确定写作范围。将头脑中能想到的内容都写下来,这些内容看似无用,但仔细品读就会发现,这些杂乱甚至毫无联系的句子隐含着自己最为关心的情绪,只是隐藏在思想深处,无法注意到。这样就可以确定一个代表着自己真情实感的写作范围,而且找到最为闪亮的句子或词语,为接下来的写作奠定基础。

(2)寻找写作的材料。在确定写作范围后,就要寻找写作素材。在特定的范围内开展自由写作,尽管这是有所约束的写作,但是还要放松地进行。在停笔之后,通读所写的文字,分门别类地整理这些写作的材料,提炼出文章的基本线索和层次结构。

(3)成文。在两次自由写作的基础上,构建真正属于自己的完整的文章。前两个阶段的自由写作实际把构思过程通过文字语言给外化了,是对构思过程的一种自由解放,在无束缚中发挥出写作主体的创造性和能动性。

2. 模仿写作

这是最常用的写作教学方法,及时采取已有的形式,利用原有的语言材料,学习者可以加上自己的思想进行写作。模仿是学习写作的基本途径,因而看重范文的作用。其结构主要包括仿写、改写、借鉴、博采四个依次递进的层次。

仿写就是按照范文的样子(包括内容)来"依样画葫芦"的训练。主要有仿写范文一点的点摹法和仿写全篇的全摹法两种形式。

改写是对范文的内容或形式进行某种改动,写出与原作基本一致而又有所不同的新作的训练方式。包括缩写、扩写、续写,变形式改写和变角度改写等几种形式。

借鉴是吸取范文的长处,为我所用,来写出有新意的文章的训练手段。具体方式有貌异心同、辞同意不同和意同辞不同等三种。

博采是博采百家之义,训练学习者从多篇文章中吸取营养,经过一番咀嚼、消化,然后集中地倾吐出来,写成自己的文章。这样,就已完成了从模仿到创造的过渡任务。

3. 单项作文

这就是我们通常所说的小作文,主要是针对学习者在写作过程中出现的具体环节进行局部或片段训练。比如,学习者的作文普遍存在命题随意或题目不新颖的问题,因此教师就可以进行"让作文题目亮起来"的专门针对题目的训练;比如,学习者的作文中只是叙述,缺少生动的描写和有深度的议论性语句,教师就可以进行表达方式的综合运用的训练。让学习者将叙述、描写、抒情、议论放在一起做综合训练,或者直接针对作文的立意、命题进行训练,对于提高学习者作文中的文采进行训练,等等。这种训练针对性强,一次作文解决一个问题,目的明确,篇幅短小,易操作,见效快。

4. 记叙文写作

记叙文是写人、叙事、状物的文章。记叙文包括通讯、特写、游记、回忆录等。在课本中,记叙文所占的比重很大,作文选择记叙文的也很多,因此教师需要做好记叙文的写作教学设计。

一般来说,以叙事为主的记叙文以现实生活中发生的、真实的、有一定意义的具体事件作为叙写对象。从理论上讲,可以是社会生活的事件,也可以是日常生活的事件,还可以是自然界的事件。有人把记叙文的表现对象,局限于"社会生活的典型事件"是不太恰当的。诚然社会生活的典型事件有其优越性。首先是典型性,并因其典型性而有普泛意义,这样就赋予了"事件"的现实意义;其次是社会性,并因其社会性而受到人们的热切关注,这样就赋予了"事件"的社会价值。教师在设计记叙文写作教学时要体现教学大纲的要求,要把握记叙文的特点,要考虑到学习者的实际水平和接受能力。教学设计,形式应该是多样的,可以是常规型的,也可以是探索型的;可以简约,也可以详尽。总之,要用实用价值,要体现教学改革的精神。例如:教师让学习者以"今天中午"为题叙述自己的所见所闻,学习者在叙述的过程中可能会提到许多画面,教师就要引导他们将他们在不同画面中的听觉、视觉、感觉表达出来,同时引导他们掌握叙述的节奏,如慢节奏的温馨早餐、快节奏的运动活动等。

5. 议论文写作

议论文写作要求作者通过摆事实、讲道理,直接表达自己的观点和主张。作者对客观事物进行分析、评论,以表明见解、主张、态度,通常由论点、论据、论证三部分构成。议论文写作教学虽然比不上记叙文写作教学,但也是语言教学的一个组成部分。因此做好议论文写作教学设计十分必要。

一般来说,议论文写作教学设计首先要做好教师启发。学习者生活在一定的社会环境中,每天都要接触许多人,遇到许多事,听到许多议论,有令人满意的,也有不尽如人意或令人气愤的。同时,他们平时可能获得某些成功,也可能遇到某些困难或失败,这些都会使他们产生种种感受和看法,教师就需要学会启发他们思考。例如,用一些值得议论的典型事例或现象让他们思考,并将自己的思考用文字的形式表达出来,最后写成文章。

考虑到议论文中,学习者表达观点需要一定的论据支持,教师也要在教学设计中引导学习者找到论点和论据。由于学习者的身心发展还不成熟,因此议论水平不会太高,教师要注意不要设置太高的论点,以适应学习者的实际水平。

6. 说明文写作

说明文是以说明某种事物或某种过程为写作目的的一种写作形式。要写好说明文首先要对被说明的对象有充分的认识和了解,分析、比较这一事物和另一事物之间的不同点,把握事物的特点,然后紧紧抓住这一特点加以说明,只有这样,才能把事物说得明白清楚。例如,《我们的学校》就要写出我们的学校与其他学校的不同之处,切忌泛泛而谈。

教师在设计说明文写作教学时,应注意说明文给人以知识,所以学习者必须对所要传授的知识有所了解,这也是合理安排顺序的前提。如果对泰山没有比较丰富的知识,自己也没有仔细游览过,即使掌握了关于空间顺序或者时间顺序的技巧,也不可能给人以真正的知识。阐释事理亦然,如对事物本身的逻辑关系若明若暗,也无从安排逻辑顺序了。

此外,说明文和记叙文、议论文都有条理性即顺序安排问题。记叙文中的时间顺序安排,应用极其广泛,写说明文时可有目的有选择地进行借鉴。另外,记叙文中涉及写景和游记类文字中经常有方位安排的技巧,这也可在说明文中运用。议论文以说理为主,根据事物之间的逻辑关系进行判断推理,和事理说明文中逻辑顺序的安排有相通之处。

（三）大学英语写作教学的现状

1. 写作教学目标缺乏系统性

学生英语写作能力的提高是一个循序渐进的过程，并不是一蹴而就的，这就要求英语写作教学的目标也应该体现出阶段性、渐进性的特点。然而，当前的英语写作教学目标，总体目标与阶段性目标之间严重脱节，存在不协调的情况，这对于学生写作能力的提高是十分不利的。

2. 学生的中式英语现象严重

中国学生长期生活在汉语的环境下，受中国传统文化的影响比较深刻，也形成了相对固定的汉语思维习惯。然而，英语思维与汉语思维存在较大差异，汉语思维自然会影响到大学生的英语学习进程，并且往往会带来各种消极影响，"中式英语"就是其中的一个突出表现。很多学生使用汉语的表达方式来写英语句子，所写出的句子往往词不达意，呈现出中式思维习惯，这一现象所带来的后果是比较严重的。

3. 写作课程设置缺乏合理性

一直以来，英语写作教学的地位得不到重视，在课程设置上也不能凸显其合理地位，很多高校在英语写作的课程设置上存在不合理之处。例如，很多高校并没有设置专门的英语写作课程，这导致英语写作课时特别紧张，总是得不到合理进行。再如，英语教师在综合英语课程的讲解过程中往往先讲解词汇、课文，然后安排听力练习、阅读练习，进而让学生完成课后练习题，等这些环节结束之后，一堂课的时间也就消耗完了，根本没有时间来教授学生学习英语写作方面的知识，这让学生形成了英语写作是可有可无的观念，对英语写作的学习是十分不利的。

4. 学生的语言质量不过关

很多学生在使用英语写作文的时候往往不会使用地道的英语表达方式,所写出的英语句子存在大量语法错误,甚至还有很多单词也都拼写错了。英语与汉语存在很大差异,英语词汇在词性、用法、词义、搭配等方面都有自己的鲜明特点,如果学生按照汉语的逻辑思维来组织英语作文,那么显然就会出现各种语言知识点层面的错误。

(四)大学英语写作教学的策略

1. 对比教学法

英汉语言与文化在很多方面都存在差异,这些差异严重影响学生的写作。学生要想写出用词地道、语句流畅、逻辑连贯的文章,首先必须熟悉掌握英汉语言与文化之间的差异,对此教师就要引导学生深入了解这些差别,进行对比教学。

(1)语句层面的对比。在教学过程中,教师应指出学生写作中不符合英语表达习惯的语句,并可注明地道的英语表达方式加以对比,使学生更清楚地看到差别,并在不断的修改过程中逐渐学会用英语进行思考与表达。

(2)语篇层面的对比。语篇是语言的使用,是更为广泛的社会实践。教师应引导学生了解并思考英语文章是如何发展主题、组织段落、实现连贯的,以此来帮助学生对英语的语篇结构有一个立体的、综合的认识。

2. 综合教学法

所谓综合教学法,是指将写与听、说、读几项基本英语技能相结合,使之相互作用提升学生的写作能力和培养学生的英语综合能力。

(1)听、写结合。听是语言输入性技能,可以为写作积累丰富的素材,加快写作的输出。具体来说,教师可以采用边听边写和听后笔述或复述的方式开展教学。

边听边写可以是教师朗读,学生记录;也可以是播放录音,学生记录。听写的内容可以是课文内容,也可以是其他故事或内容。

听后笔述或复述是指教师以较慢的语速朗读或者录音播放听写材料,一般朗读或播放两至三遍,在这一过程中学生只听不写,在朗读或播放录音完毕后,教师要求学生凭借记忆进行笔述或复述。在笔述或复述时,学生不必拘泥于原文的词句,也不用全部写出或背诵出,只要总结出大意即可。这种方式能有效锻炼学生的语言组织和概括能力。

(2)说、写结合。说与写密切相关,说是写的基础,写与说相互贯通。说中带写,可以有效激发学生的写作兴趣,提高学生的写作能力,还能锻炼学生的口语表达能力。具体而言,教师可以采用改写对话和课堂讨论的方式开展教学。

(3)读、写结合。读与写的关系十分密切,通过阅读可以获取大量写作所需的素材,通过写作可以进一步巩固阅读能力。写作作为一种输出活动,是离不开语言知识的输入的,如果没有语言知识的积累,就不可能写出内容充实的文章。而阅读作为积累语言知识的重要途径,将能为写作奠定良好的基础。但学生的阅读需要教师的指导,因为很多学生都将理解文章内容作为阅读目的,而很少从中吸取有利的写作素材。对此,教师应引导学生体会作者遣词造句的技巧,并培养学生记笔记的良好习惯,从而使学生积累大量的利于写作的语言知识。通过阅读,学生的阅读能力不仅会得到锻炼,写作水平也会显著提高。

总体而言,在大学英语教学中,要重视英语基础知识和技能的教学,并不断进行创新,从而提高教学的质量,培养学生的英语综合能力。

二、大数据驱动下大学英语写作教学的原则

（一）以学生为主体原则

为了解决学生地位偏差的问题，在大学英语写作教学中，教师应遵循以学生为主体原则，即明确学生的主体地位，尊重学生的主体性，围绕学生展开教学。而只有激发了学生的兴趣，提高了学生的主动性，才能使学生成为学习的主体。总体而言，就是要学生积极参与教学活动，发挥学习的自主性，使学生积极自主学习，提高学生的写作能力。

（二）循序渐进原则

任何一件事情的顺利完成都是需要花费时间的，都是一个循序渐进的过程，大学英语写作教学也不例外。在英语写作教学中，循序渐进原则主要涉及以下几个方面。

（1）语言层面：由低到高。在语言层面，教师可以先让学生进行句子写作方面的练习，然后逐步过渡到段落与篇章的写作。由于课堂教学时间有限，教师可以将对句子的写作训练穿插在其他技能课中，如精读和听说课。此外，教师可以设置组织各种训练活动，如连词组句、补全句子、合并句子、扩充句子等，学生对句子写作逐步熟练后，教师就可以增加难度，过渡到篇章写作。

（2）语法结构层面：由易到难。在写作过程中，很多同学都因语法欠佳而无法使用哪怕稍微复杂一点的表达，这样势必会影响输出效果，写作质量也不会太高。因此，学生一定要重视语法学习，掌握基础的语法结构，在此基础上掌握更为复杂的语法结构。具体来说，在写作学习中，学生要先掌握简单句，然后掌握复杂句和并列句；先掌握短句，然后掌握长句；先掌握陈述句，然后

掌握虚拟句和感叹句。①对教师来说,也要坚持循序渐进原则,在语法结构上由易到难,帮助学生巩固基础,进而攻克薄弱环节。

(3)话题层面:由熟到生。学生对于自己熟悉的话题往往更有写作兴趣,写起来也相对容易。因此,教师在写作训练中,可以先从学生熟悉又感兴趣的话题开始,等学生掌握一定的写作技巧后,可以让学生就一些社会热点问题等表达自己的观点,锻炼学生的写作水平。

(4)体裁层面:由简到繁。对学生来说,不同文体其难易程度各不相同。一般来说,记叙文的写作难度较低,其次是描写文,然后是说明文,议论文的写作难度最大。因此,在写作体裁方面,学生应从记叙文的写作训练开始,逐步向其他文体过渡。

(三)交际性原则

写作是一种重要的交际方式,其最终目的也是交际,因此大学英语写作教学应遵循交际性原则。具体而言,遵循交际性原则要求教师做到以下几点。首先,教学活动满足学生的即时需求,提高学生的交际能力。其次,写作教学活动要为学生提供写作交际的机会,使学生从中获得乐趣。最后,在修改活动中采用小组或同伴活动,加强学生之间的交流,让学生通过交流活动获得素材,从而为文章增添内容,锻炼学生的思维。

三、大数据驱动下大学英语写作教学的方法

利用当前的信息技术,教师可以充分激发学生学习写作的欲望,让学生积极掌握写作技能,规范自己的写作语言,进而提升自身的写作能力。可见,信息技术是当前大学英语写作教学的重要拓展手段。下面就针对大学英语写作教学融合信息技术的路径展开分析。

---

① 黄元龙.浅议高职英语写作教学的循序渐进原则[J].开封教育学院学报,2017(2):152—153.

(一)倡导学生运用信息技术支持英文写作

教师利用信息技术进行英语写作教学可以打破时空限制,实现写作资源的合理共享,并且充分补充英语教学资源。教师在英语写作教学中融合信息技术,可以让学生在网上搜索相关写作内容,并且对所搜索的内容进行整理与分析,把得出的结论最终应用到自己的写作内容中,顺利完成写作任务。

现代高校大学生都熟悉网络,每天都利用手机上网,对此,教师可以利用网络资源为学生增加写作的机会,充分激发学生对英语写作的兴趣,并在学生进行写作的过程中给予充分指导,形成一种和谐、融洽的交流氛围。

(二)利用计算机文字处理程序辅助大学英语写作

当前,随着计算机技术的快速发展,人们可以利用计算机完成很多工作。在写作练习的过程中,学生也可以利用计算机的快捷、方便特点来完成写作任务,很多计算机中都带有对写作中的标点、大写、小写、拼写等进行检测的功能,那么学生就可以利用这些工具来检测自己所完成作文中的错误并进行改正。

其中,拼写、语法功能可以有效减少学生作文中的拼写、语法错误,编辑功能还可以帮助学生完善段落之间的连接、组织、转移等要求。另外,学生还可以利用添加、剪切、复制等来修改自己的作文。此外,很多计算机还带有词典,学生可以利用这一功能迅速找到自己想要使用的词,或者检查自己所使用词语的正确与否。

计算机文字处理程序的功能一定程度上减少了写作的重复劳动,省下了很多时间,因此学生能够花费更多精力在写作上,增强了他们对写作的兴趣和积极性。

第八章 大数据驱动下的大学英语翻译技能与文化技能教学

随着全球文化一体化进程的加快,跨文化教育在大学英语教学中日益引起重视。显然,学习英语这门语言离不开对该语言背后文化知识的学习,因而,大学英语教师在教学中十分重视引导大学生对西方文化知识的学习与掌握。另外,翻译是一项综合技能,依赖于学习者较高的语言、文化素养。本章主要研究大数据驱动下的大学英语翻译技能与文化技能教学。

第一节 大数据驱动下的大学英语翻译教学

一、大学英语翻译教学简述

(一)翻译的界定

翻译的概念是翻译理论的基础与原点。翻译理论的很多流派都对翻译的概念进行过界定。人们的翻译活动已经有了 2 000 多年的历史,且对翻译概念的认知也在不断发生变化。学者威尔斯说:"一部翻译史事实上就是对'翻译'这个词的多义性进行的论战。"① 从威尔斯的论述中可知,对翻译的理解需要从多个层面

---

① [德]威尔斯.祝珏,周智谟译.翻译学——问题与方法[M].北京:中国对外翻译出版社,1988:19.

第八章　大数据驱动下的大学英语翻译技能与文化技能教学

进行考量。

1. 感悟式·语文学式·文艺式·通论式

人们对翻译最初的认识是感悟式的,主要是通过隐喻或者比喻的方式来进行表达。著名学者谭载喜(2006)通过对大量关于翻译的比喻说法进行总结,认为翻译主要是由作为行为或过程的翻译本身、作为结果的译文、作为主体的译者构成。①从作为行为与过程的翻译本身来说,很多形象说法都对翻译的特点、性质等进行论述。语文学式是对翻译的进一步认识,在这一层面上,人们往往通过一些简单的话语表达对翻译的看法,这些看法虽然不成系统,却存在着一些道理,甚至有些对后世的翻译研究有着深远影响,如严复的"信达雅",至今仍被视为翻译工作的一大重要标准。

翻译可以被视作一种对问题进行解决的活动,因为源语中的某一元素可以采用目的语中的某个元素或者某几个元素来处理。②之后,由于翻译活动多为文学作品的翻译,因此对于翻译概念的探究主要是从文学层面展开的,因此是文艺式的研究。这类研究强调文学作品的审美特征,并将文学翻译的本质特征揭示出来。文艺式的翻译主要是针对文学这一语体来说的,将那些非文学翻译活动排除在外,所以缺乏概括力。

进入20世纪中期,人们认识到无论是文学翻译还是非文学翻译,语言的转换是必须的,因此从语言学角度对翻译进行界定是最具有概括力的,能够将不同的翻译类型揭示出来,也开启了现代意义上的翻译研究,将传统对翻译的界定转向翻译的通论研究,将传统对文学翻译的研究转入翻译专论研究,这就是通论式阶段。从整体上说,通论式翻译研究对于翻译的普适性是非常注重的,因此其概念也更为大众化。

---

① 谭载喜.翻译比喻中西探幽[J].外国语,2006(4):73—80.
② 蔡新乐.翻译哲学真的没用吗?——从皮姆的《哲学与翻译》看翻译的概念化及西方翻译思想史的重构[J].外语教学,2015(1):103—107.

2. 从语言维度到语言—文化维度

从普通意义上对翻译内涵的论述有很多,但观点并不统一。通论式翻译概念的确立是从语言学角度来说的,并随着语言学研究的深入而不断完善与发展。

通论式翻译概念对人们从宏观角度认识翻译有着巨大的帮助。但是,仅仅对语言角度进行强调也并不全面,也很难将翻译的概念完全地揭示出来,翻译的概念还应该涉及文化部分。

许钧指出:"从语言学角度对翻译进行界定是将翻译活动限于语言转换层面,这样会容易遮盖翻译所囊括的广义内涵,且容易忽视语际翻译的全过程及翻译中所承载的文化。"[1]

科米萨罗夫(Komissarov)就指出:"翻译过程不是仅仅将一种语言替换成另外一种语言,其是不同个性、文化、思维等的碰撞。"[2]同时,科米萨罗夫还专门对翻译学中的社会学、文化学问题进行了研究。即便如此,他们下的定义还未能明确文化这一维度。

俄罗斯学者什维策尔认为翻译中应该将两种语言、两种文化、两种情境体现出来,并分析出二者的差别。在他看来,翻译可以进行以下界定。[3]

(1)翻译是一个单向的,由两个阶段构成的跨语言、跨文化过程,在这一过程中,往往需要对源语文本进行有目的的分析,然后创作出译语文本,对源语文本进行替代。

(2)翻译是一个对源语文本交际效果进行传达的过程,其目的由于两种语言、文化、交际情境的差异性而逐渐改变。

很明显,什维策尔的定义包含了文化因素,并指出翻译是跨文化交际的过程,强调译本语境是另一种语言文化环境。

我国学者许钧认为翻译具有五大特征,即符号转换性、社会性、创造性、文化性、历史性。同时,基于这五大特征,将翻译定义

---

[1] 许钧. 翻译概论[M]. 北京:外语教学与研究出版社,2009:29.
[2] 杨仕章. 翻译界说新探[J]. 外语教学,2015(6):101.
[3] 同上.

第八章　大数据驱动下的大学英语翻译技能与文化技能教学

为"以符号转换作为手段,以意义再生作为任务的一项跨文化交际活动"①。

显然,当前的翻译已经从语言维度逐渐过渡到语言—文化维度。

3. 翻译的传播形式:单向跨文化传播

在翻译的定义中将翻译的文化性体现出来,可谓是一个很大的进步。但是,在将文化性体现出来的同时,很多学者习惯运用"跨文化交流"或"跨文化交际"这样的说法。

翻译属于跨文化交际活动,但这大多是从历史角度对不同民族间的翻译活动历史成效进行的定性表述。

普罗瑟认为,跨文化交流活动需要的是双向互动,但是跨文化传播则需要的是单向互动。②由于具体的翻译活动往往呈现的是单向过程,因此决定了翻译活动应该是一种传播活动。所以,如果确切地对翻译进行界定的话,可以将翻译定义为"一种跨文化传播活动"。

如果翻译的语言特征体现为不同语言之间的转换,那么翻译的文化特征体现的则是文化移植。当然,这种移植可以是引入,也可以是移出,由于源语文化与译语文化并不是对称的,同一个文化因素在引入与移出的过程中不可避免地会遇到不同的翻译策略。这样可以说明,无论是从语言转换的角度,还是从文化移植的角度,翻译都是单向性的。

4. 翻译的任务:源语文本的再现

在翻译的定义中经常会出现"意义"一词,其主要包含翻译的客体,即"翻译是什么?"应该说,"意义"相比费奥多罗夫的"所表达出的东西",更具有术语性,用其解答什么是翻译的问题是翻

---

① 许钧. 翻译概论[M]. 北京:外语教学与研究出版社,2009:41.
② [美]普罗瑟. 何道宽,译. 文化对话:跨文化传播导论[M]. 北京:北京大学出版社,2013:3.

译学界的一大进步。但是也不得不说,有时候运用"意义"对翻译进行界定会引起某些偏差,因为很多人在理解意义时往往会受到结构主义语言学的影响,认为语言是有着固定的、明确的意义的。但就实际程度来说,语言的意义非常复杂。

著名语言学家利奇(Leech)指出意义具有七大类型,同时指出:"我不希望给人留下这样的印象,即这些就是所有意义的类型,能够将所传递的一切意义都表达出来。"[①] 利奇还使用sense来表达狭义层面的意义,而对于包含七大意义在内的广义层面的意义,利奇将这些意义称为"交际价值",其对于人们认知翻译十分重要。换句话说,源语文本中的这种广义层面的意义实际上指代的都是不同的价值,将这些价值结合起来就是所谓的总体价值。

很多学者指出,如果不将原作的细节考虑进去,就无法来谈论原作的整体层面。但是需要指出的是,原作的整体不是细节的简单叠加,因此从整体上对原作进行考量,并分析翻译的概念是十分必要的。

王宏印在对翻译进行界定时指出:"翻译的客体是文本,并指出文本是语言活动的完整作品,其是稳定、独立的客观实体。"[②] 但是,原作文本作为一个整体如何成为译本呢?作者认为,美学中的"再现"恰好能解释这一过程。

在美学中,再现是对模仿的一种超越。在模仿说中,艺术家的地位是不值得提出来的,他们不过是在现实之后的一种奴仆,他们的角色如镜子一样,仅仅是对现实的一种被动的记录,自己却没有得到任何东西。换句话说,在模仿说中,艺术品、艺术表现力是不值得提出来的,因为最终要对艺术品进行评论,都是看其与真实物是否相像。实际上,模仿说并未真实地反映出艺术创作的情况,很多人认为模仿的过程是被动的,但是在看似这种被

---

① [英]利奇.李瑞华,王彤福,杨自俭,穆国豪,译.语义学[M].上海:上海外语教育出版社,1987:29.
② 王宏印.英汉翻译综合教程[M].大连:辽宁师范大学出版社,2002:54.

动的情况下,也包含了很多表现行为与艺术创造力,其中就包括艺术家的个人体验与个人风格。同样,即便是那些不涉及艺术性的信息类文本,其翻译活动也不是模仿,而是译者进行的创造过程;对于那些富含艺术性的文本,模仿说更是无稽之谈了。最终,模仿必然会被再现替代。

用"再现"这一术语对翻译概念进行说明,可以明确地展现翻译的创造性,可以将译作的非依附性清楚地表现出来。因为再现与被再现事物本身并不等同,而是一个创造性的艺术表现形式,同时再现可以实现译作替代原作的功能。

(二)翻译教学的内涵

翻译理论与实践相结合构成的一个重要领域就是翻译教学。在研究翻译的过程中,翻译教学是一个不可忽视的内容。要想提高翻译教学的水平,首先必须对翻译教学展开深入探究。对翻译教学实践发展起着决定性作用的就是对翻译教学理论的探究。因此,随着社会对翻译人才需求的大幅度增加,对于翻译教学的相关探究就显得极为重要。

但是,目前学界对翻译教学的内涵仍然存在较大争议。学者们对于翻译教学的范畴及翻译教学与教学翻译的区别并未达成共识。学校翻译仅为一种教学方法。翻译教学追求的目标与学校翻译目的不同,翻译教学不是为了掌握语言结构与丰富语言知识,也不是为了提高外语的水平。纯正的翻译目的是要出翻译自身的成果,而教学翻译的目的仅是考核学校外语学习的成果。在之后的研究中,教学翻译被看成外语教学过程中的一种手段,是传统的语法—翻译教学中为辅助外语教学而展开的练习,目的是帮助学生认识外语与汉语在词汇、语法上的对应关系,提高语言水平与运用能力,练习材料以词句为单位。翻译教学则是以翻译能力为目标,更注重传授翻译知识、理念与技能,培养学生从事职业翻译的能力。

在之后的十几年中,穆雷对教学翻译与翻译教学的这种区分得到了我国学术界的广泛认同,并且引发了一系列相关的讨论。然而,这种区分方式在某种程度上贬低了教学翻译,还束缚了翻译教学的多样性与创造性的发展。

近些年的研究有了一些新的突破。罗选民认为,学者对教学翻译与翻译教学的阐述利于对概念的澄清,但翻译教学的概念要重新界定。翻译教学是由"大学翻译教学"与"专业翻译教学"组成的,将原来公认的教学翻译也纳入了翻译教学的范畴,其扩大了翻译教学的范围。

但这种方法中两者范畴不够清晰,难以适应当前翻译教学发展的多元化趋势。

在当前的大学外语教学中,为了满足学生毕业后进入外企应具备的翻译能力或者想考取翻译证书的需求,很多高校开设了应用提高阶段的选修课以适应形势的发展。

选修课要求学生必须通过全国大学英语四级考试并且对翻译具有浓厚的兴趣,在学时、内容上与英语专业的翻译教学有一定的相似性,培养目标是让学生在一年的时间里基本掌握必要的翻译技巧,了解翻译理论的框架性知识,具备初步的涉外翻译能力。当然,受学生的基础、接受能力、课后训练时间及自己教师操作能力等的限制,教学效果仍然有相对的提升空间,其科学性与可行性有待论证。[①]

(三)翻译教学的理念

1.将翻译理论作为先导

翻译教学离不开翻译理论的指导,所以翻译教学的一个重要理念就是将翻译理论作为先导。目前,已经形成的翻译流派和内容十分繁多,如果将所有观点及相关内容都融入翻译理论中,不但会令读者感到空乏,而且缺乏科学性。不少翻译理论是源自宗

[①] 严明.大学英语翻译教学理论与实践[M].长春:吉林出版集团有限责任公司,2009:222—224.

第八章 大数据驱动下的大学英语翻译技能与文化技能教学

教和哲学领域的,所以相对传统,也缺乏实用性。有调查显示,多数翻译理论仅适用于占每年翻译工作大概4%的文学翻译,而超过90%的实用翻译理论却很少提到。翻译理论与实践的失衡说明翻译理论不切实际。

相对来说,较为实用的翻译理论是翻译功能目的论。该理论强调,译本的预期目的与功能决定着翻译的过程。实用文体翻译通常具有现实的甚至功利的目的。这一目的在很大程度上受翻译委托人、译本接受者及其文化背景和情境的制约。目的和功能是实用文体翻译的重要依据,而功能目的论的理论核心就是目的和功能。因此,翻译的理论与实践有可能得到较好的结合。实际上,翻译课程的开设主要是为了培养学生英语语言运用的能力,而通过实践,可以看出学生选择这门课程更多的是为了在考试中获得高分或为了工作。因此,将翻译的功能目的论作为翻译的理论依据,用于指导学生的翻译课程,更利于调动学生学习的积极性和创造性。

2.将语言对比作为翻译的基础

翻译教学首先应该从语言对比入手。对于中国的英语学习者来说,一旦脱离了说英语的环境,我们总会本能地说汉语,特别体现在初学者身上。但是,如果我们积累了一定数量的词汇,就会很乐于说英语,在此过程中就会对英汉语言进行对比,如不会翻译某些短语,就会用汉语思维进行翻译。

对英汉语言进行对比会出现两种结果:一是同中有异;二是各有不同。英汉语言的不同之处体现在很多方面,如词序的不同、信息中心位置的不同、连接方式的不同等;英汉语言也有很多相同之处,如均有介词,其用法有时也相同。需要指出的是,汉语介词多数是从动词演化而来的,甚至一些词到如今还无法确定它是属于动词还是属于介词。而英语中的动词和介词截然不同。基于此,英语介词在汉语中一般要用动词来翻译。

3. 将翻译技巧作为翻译的主干

译者要进行翻译需要采用一定的翻译技巧,所以翻译教学应该将翻译技巧作为主干。目前,翻译课的内容主要来自前人总结的宝贵经验,这些经验主要涉及理解和表达两个方面,具体反映在翻译的方法与技巧上。比如,因为英汉词语的搭配方式不同,所以译者在翻译时应适时调整搭配或增减文字。

4. 将综合分析作为翻译的重要手段

译者要翻译某个句子,通常可以采用多种方法。但是,在所有方法中,仅有一两个是最佳的,此时就要将综合分析作为翻译的重要手段。

所谓综合分析的翻译手段,是指从总体及其系统要素关系上,连点成线,集线成面,集面成体,并且对各个层面上进行动态或静态的分析观察,透过现象从本质上观察事物的本来面目。在表达过程中,同样涉及分析与综合两个方面,分析是手段,综合是目的。

在翻译教学中,教师要遵循以实践为主、以学生为主的原则。翻译教学具体涉及讲解、范文赏析、译文对比、练习和练习讲评五个环节。

(1)讲解。这一环节的主要任务是以英汉语言对比为基础分析译例,提示技巧,将学生对翻译的感性认识上升至理性认识上。

(2)范文赏析。教师应为学生选择一些语言优美且又平易的名人名译,既可以欣赏,又可以借鉴临摹。

(3)译文对比。教师应该为学生提供同一原文的两三种不同的译文,这样学生可以进行比较和仔细揣摩。需要指出的是,学生在比较时一方面要看译文的优劣,另一方面要看译德译风。译文对比要做到择优而从,见劣而弃。

(4)练习。练习活动是翻译教学的重要环节,具体涉及课前复习、课内提问及课后作业。

（5）练习讲评。练习讲评主要针对的是两种语言特点的对比和分析，从翻译思维中一些具体障碍着手，不会过分纠结细枝末节。

（四）大学英语翻译教学的现状

1. 教师素质有待提升

很多教师追求速度，对翻译教学并未沉下心进行研究，因此无法对学生展开有效的指导。很多教师也并非翻译专业出身，他们学的大多是综合类英语，因此对翻译的基础知识掌握得并不透彻，导致翻译教学开展起来非常困难。

2. 翻译教学理论与实践脱节

理论源于实践，只有将理论与实践结合起来，才能提升翻译质量与翻译效率。因此，在英语翻译教学中，教师除了传授学生基本的翻译知识与技巧外，还需要不断带领学生参与到翻译实践中，在实践中验证学生对课堂的掌握情况。但就目前来看，我国很多学校在翻译教学中都是理论与实践脱节，仅传授理论，导致学生学习了大量理论知识，却不会运用到具体的实践中。

3. 学生的翻译意识薄弱

当前，学生的翻译意识非常薄弱，很多学生仅仅将翻译作为赚钱的手段。同时，学生的翻译心理也有明显不同，一些学生未明确翻译的理念与策略，未形成健全的知识体系，因此他们对待翻译是一知半解的，无法真正地运用到实践中。

（五）大学英语翻译教学的策略

1. 扩大学生知识面

翻译是一项包含多领域的活动，如果对翻译的基础知识不了解,就很难明白文本的内容,也很难准确展开翻译。到目前为止,我国很多高校的英语翻译教学过多关注翻译基础知识,而忽视翻译能力培养,尤其是很少介绍文化方面的知识,这就导致学生遇到了与文化相关的翻译内容时往往手足无措,甚至会出现翻译错误。因此,在英语翻译教学中,应该渗透文化知识,扩大学生的知识面,培养学生对文化知识的理解与把握,帮助他们形成翻译能力。

2. 提高学生语言功底

翻译活动是一项复杂的活动,其需要学生具备双语知识。也就是说,英汉语言功底对于翻译人员都不可缺少。因此,在翻译教学中,教师不仅要教授学生英语语言知识,还需要培养学生的汉语表达能力,熟悉英汉语言国家的表达习惯,提升翻译质量。

3. 注重文化对比分析

由于教学环境的影响,英语文化的渗透还需要依赖翻译教学,其中文化对比分析是一种比较重要的方式。具体来说,在翻译教学中,教师不仅要讲解教材中的文化背景知识,还需要对文章中的中西文化进行对比和拓展,帮助学生在翻译内容时接受文化知识。另外,利用文化对比分析,学生能够建构完整的文化体系。

4. 重视归化与异化结合

在翻译策略选择上,归化策略与异化策略是两种重要的翻译策略。由于英汉语言的差异,翻译实践中如果仅依靠一种策略是很难完成全部翻译内容的,只有将二者结合起来,并进行灵活的处理,这样才能保证翻译出的文章更为完美。

5. 媒体教学与课外活动相结合

为帮助学生更好地展开翻译,教师应该鼓励学生多学习一些英美原版作品,如教师可以引导学生多观看一些英美原版电影,从电影字幕出发教授学生翻译的技巧。另外,教师应该让学生在课外多收集一些生活风俗、文化背景方面的资料,在阅读与翻译中,学到更多的知识,从而为以后的翻译做铺垫。

二、大数据驱动下大学英语翻译教学的原则

(一)循序渐进原则

翻译能力的提高不可能一蹴而就,而是要经历一个过程。相应地,翻译教学也不能操之过急,应遵循由浅入深、循序渐进的规律,所选的语篇练习也应该是先易后难,逐步帮助学生提高翻译能力。从篇章的内容来看,应该是从学生最熟悉的开始;从题材来看,应该从学生最了解的入手;从原文语言本身来看,应该是从浅显一点的渐渐到难一些的。这样由浅入深,学生们对翻译会越来越有信心,兴趣也会逐渐增强,翻译技能也会相应得到提高。

(二)精讲多练原则

精讲多练原则主要包含两个层面:精讲和多练。翻译教学如果仅从传统教学方法入手,先教授后练习,那么是很难塑造好的翻译人才的。因此,在翻译教学中,教师应该不仅要教授,还需要练习,在课堂上将二者完美结合。

(三)实践性原则

翻译理论的教授很难培养出好的翻译人才,还需要进行翻译练习,这就是翻译的实践性原则。在翻译教学中,教师应该为学生创造更多的机会展开练习。例如,教师可以让学生去翻译公司实习,通过实际活动来进行体验。

三、大数据驱动下大学英语翻译教学的方法

在翻译教学中,教师可以利用与教材配套的多媒体光盘辅助

教学,不过,由于各个学校的多媒体设备资源配置不同,而且教材所配套的光盘往往在内容上缺乏系统性,所以教师需要酌情使用。对此,最好的方法就是教师可以根据教材内容自己动手制作课件,然后利用多媒体播放。多媒体课件的制作过程相对烦琐,需要依据具体的教学过程、教学内容、教学目标、教学媒体等,只有将这众多条件融合在一起,并体现互动性原则,方能制作出优良的多媒体课件。当然,这样的课件对于学生翻译能力的提升也是大有裨益的,可以促进不同层次的学生其自身的翻译能力都能得到不同程度的提升。

为此,在进行翻译教学活动之前,教师可以利用声音、图片、动画等教学辅助手段来刺激学生的学习兴趣,使学生在学习过程中始终保持较好的兴趣,将枯燥的翻译理论变得生动、有趣。针对具体的教学过程,教师在其中不仅要教授学生英汉互译的技巧,还需要补充中西方文化背景知识,让学生对翻译理论形成一定的系统。虽然教师在翻译教学过程中所使用的教学模式相对陈旧,但在内容与形式上与传统的翻译教学已经大不相同。这种不同主要体现在如下方面。

(1)形式上不再是单调的板书形式,而是以媒体形式呈现,节约了大量时间。

(2)内容上是针对不同层次的学生展开的,在课堂上由教师指导和学生自主选择,这有利于改善课堂教学的氛围。

第二节 大数据驱动下的大学英语文化教学

一、大学英语文化教学简述

(一)文化知识介绍

无论是历史上还是现代社会,人们所说的社会都是全球社

第八章 大数据驱动下的大学英语翻译技能与文化技能教学

会,每一种文化都是将宇宙万物囊括在内的体系,并且将宇宙万物纳入各自的文化版图之中。总体上说,文化会涉及人与社会的关系、人的存在方式等层面。但是,其也包含一些具体的内容。下面就来具体论述什么是文化。

1. 文化的定义

对于普通人来说,文化就可以比作水与鱼的关系,是一种平时都可以使用到、却不知道的客观存在。对于研究者来说,文化是一种容易被感知到、却不容易把握的概念。

对于文化的定义,最早可以追溯到学者爱德华·伯内特·泰勒(Edward Burnett Tylor,1871),他这样说道:"文化或者文明,是从广泛的名族学意义来说的,可以归结为一个复合整体,其中包含艺术、知识、法律、习俗等,还包括一个社会成员所习得的一切习惯或能力。"之后,西方学者对文化的界定都是基于这一定义而来的。

1963年,人类学家艾尔弗雷德·克洛伊伯(Alfred Kroeber)对一些学者关于文化的定义进行总结与整理,提出了一个较为全面的定义。

(1)文化是由内隐与外显行为模式组成的。

(2)文化的核心是传统的概念与这些概念所带的价值。

(3)文化表现了人类群体的显著成就。

(4)文化体系不仅是行为的产物,还决定了进一步的行为。

这一定义确定了文化符号的传播手段,并着重强调文化不仅是人类行为的产物,还对人类行为的因素起着决定性作用。同时,其还明确了文化作为价值观的巨大意义,是对泰勒定义的延伸与拓展。

在文化领域下,本书作者认为文化的定义可以等同于2001年联合国教科文组织发表的《世界文化多样性宣言》中的定义:文化是某个社会、社会群体特有的,集物质、精神、情感等为一体的综合,其不仅涉及文学、艺术,还涉及生活准则、生活方式、传统、价值观等。

进入20世纪90年代之后,很多学者也对文化进行了界定,这里归结为两种:一种是社会结构层面上的文化,指一个社会中起着普遍、长期意义的行为模式与准则;一种是个体行为层面上的文化,指的是对个人习得产生影响的规则。

这些定义都表明了:文化不仅反映的是社会存在,其本身就是一种行为、价值观、社会方式等的解释与整合,是人与自然、社会、自身关系的呈现。

2. 文化的分类

(1)交际文化与知识文化。文化和交际总是被放到一起来讨论,文化在交际中有着无可替代的地位,并对交际的影响最大,因此有学者将文化分为交际文化和知识文化。

那些对跨文化交际直接起作用的文化信息就是交际文化;而那些对跨文化交际没有直接起作用的文化就是知识文化,包括文化实物、艺术品、文物古迹等物质形式的文化。

学者们常常将关注点放在交际文化上,而对知识文化进行的研究较少。交际文化又分为外显交际文化和内隐交际文化。外显交际文化主要是关于衣食住行的文化,是表现出来的;内隐交际文化是关于思维和价值观的文化,不易察觉。

(2)物质文化、制度文化与精神文化。三分法是将文化分为物质文化、制度文化和精神文化的分类方法。

人从出生开始就离不开物质的支撑,物质是满足人类基本生存需要的必需品。物质文化就是人类在社会实践中创造的有关文化的物质产品。物质文化是用来满足人类的生存需要的,只是为了让人类更好地在当前的环境中生存下去,是文化的基础部分。

人是高级动物,会在生存的环境中通过合作和竞争来建立一个社会组织。这也是人与动物有区别的一个地方。人类创建制度,归根到底还是为自己服务的,但同时对自己有所约束。一个社会必然有着与社会性质相适应的制度,制度包含着各种规则、法律等,制度文化就是与此相关的文化。

人与动物的另一个本质区别就是人的思想性。人有大脑,会思考,有意识。精神文化就是有关意识的文化,是一种无形的东西,构成了文化的精神内核。精神文化是人类在认识世界和改造世界的过程中挖掘出的一套思想理论,包括价值观、文学、哲学、道德、伦理、习俗、艺术、宗教信仰等,因此也称为观念文化。

3. 文化的特征

(1) 主体性。文化是客体的主体化,是主体发挥创造性的外化表现。文化具有主体性的特征主要源于人的主体性。所谓人的主体性,即人作为活动主体、实践主体等的质的规定性。人通过与客体进行交互,才能将其主体性展现出来,从而产生一种自觉性。一般来说,文化的主体性特征主要表现为如下两点。

首先,文化主体不仅具有目的性,还具有工具性。如前所述,由于文化是主体发挥创造性的外化表现,因此其必然会体现文化主体的目的性,只有这样才能促进人的全面发展。另外,文化也是人能够全面发展的工具,如果不存在文化,那么就无法谈及人的全面发展,因此这体现了文化的工具性。

其次,文化主体不仅具有生产性,还具有消费性。人们之所以进行生产,主要是为消费服务的;而人类对文化进行生产与创造,也是为了更好地进行消费。在这一过程中,对文化进行与创造属于手段,对文化进行消费属于目的。

(2) 历史性。文化具有历史性的特征,这是因为其将人类社会生活与价值观的变化过程动态地反映出来。也就是说,文化随着社会进步不断演进,也在不断地扬弃,即对既有文化进行批判、继承与改造。对于某一历史时期来说,这些文化是积极的、先进的,但是随着时代的发展,这些文化又可能失去其积极性、先进性,被先进的文化取代。

例如,汉语中的"拱手"指男子相见时的一种尊重的礼节,该词产生于传统汉民族文化中。然而随着历史的发展,这一礼节已经不复存在,现代社会常见的礼节是鞠躬、握手等。因此,在当今社会,"拱手"一词已经丧失了之前的意义,而仅作为文学作品中传达某些情感的符号。

(3)社会性。文化具有社会性特征,这主要表现在如下两点。

首先,从自然上来说,文化是人们创造性活动的结果,如贝壳、冰块等自然物品经过雕琢会变成饰品、冰雕等。

其次,从人类行为来说,文化起着重要的规范作用。一个人生长于什么样的环境,其言谈举止就会有什么样的表现。另外,人们可以在文化的轨道中对各种处世规则进行把握,因此可以说人不仅是社会中的人,也是文化中的人。

(4)民族性。文化具有民族性特征。人类学家克利福德·格尔茨(Clifford Geertz)这样说道:"人们的思想、价值、行动,甚至情感,如同他们的神经系统一样,都是文化的产物,即它们确实都是由人们与生俱来的能力、欲望等创造出来的。"

这就是说,文化是特定群体和社会的所有成员共同接受和共享的,一般会以民族形式出现,具体通过一个民族使用共同的语言、遵守共同的风俗习惯,其所有成员具有共同的心理素质和性格体现出来。

(二)文化教学的目的

语言是文化的重要组成部分,语言背后蕴含的是丰富的文化内容。但是,要想明确英语文化教学的相关知识,首先就需要弄清楚其基本的内涵。1994年,著名学者胡文仲在《文化与交际》一书中指出语言与文化的关系,即语言是文化的一种表现形式,属于文化的一部分。如果学生不清楚英美文化,那么将会很难学好英语。

从胡文仲先生这段话中不难看出,要想真正地学会运用语言,首先就需要对文化有所了解。英语文化教学就是引导学生学习西方的文化知识,增强学生对文化的敏感性。只有这样,才能让学生符合社会对英语人才的需要。在当前,英语文化教学的目

第八章　大数据驱动下的大学英语翻译技能与文化技能教学

标是提升学生的跨文化交际能力,具体来说,主要可以从如下三点来理解。

1. 帮助学生树立多元文化意识

了解世界文化的多样性,有助于人们建立多元性的观念。文化不同,其产生的背景也不同,因此彼此之间不能进行替代。在全球化视角下,不同文化群体之间的交流变得更为频繁,因此人们需要理解与尊重不同的文化,这样避免在交际中出现交际困难或者交际冲突。

在英语文化教学中,教师应该让学生对不同文化逐渐了解与熟知,让他们不仅要了解自身的文化,还要了解他国的文化,这样才能建构他们多元化的意识。

2. 发展学生的批判性思维

在英语文化教学中,教师应该培养学生的批判性思维,让学生逐渐反思本国的文化,然后将那些有利的条件综合起来,对文化背后的现象进行假设,从而建构自己的文化观。

3. 为学生创造学习异质文化的机会

当不同文化之间进行了解与接触的时候,难免会出现碰撞,并且很多人可能对这种碰撞感觉到不舒服、不适应。因此,在英语文化教学中,教师应该让学生了解这一点、规避这一点,提升自身的文化适应能力。

(三)文化教学的模式

随着英语教学不断开展,教师对于英语的文化内涵开始给予关注,并且知道在英语教学中培养学生的文化交际素质是非常重要的。在文化教学中,教师应采用恰当的教学模式,只有这样才能实现教学目的。一般来说,文化教学的模式主要有如下几种。

1. "交际—结构—跨文化"模式

文化教学的常见模式就是"交际—结构—跨文化"模式,这一模式与中国人的英语教学习惯相符合。在英语教学中,中国的大多数学生都是以汉语思维展开的。这种认知与思维方式与英语学习的规律不相符。心理学家指出,事物之间的差异越大,那么就越能对人类的记忆进行刺激。"交际—结构—跨文化"模式能够从英语学习的全过程出发,展开认知层面的刺激。在教学的各个阶段,都对学生的目的语思维模式产生影响。

（1）交际体验。交际体验即让学生掌握一定的交际能力,通过运用英语展开交际。交际能力是人们为了对环境进行平衡而实施的一种自我调节机制。通过这种交际体验,能够不断提升学生的交际能力。在交际过程中,交际双方需要建立在一定的语言交际环境的基础上,不断熟悉和了解交际双方的背景知识,从而将交际双方的交际技能发挥出来。我国的英语教学需要为学生营造能够进行交际体验的环境,这样才能形成一种双向的互动与交际模式。

（2）结构学习。结构学习将语言技巧作为目标,将语言结构作为教学的中心与重点内容,从而利用英语展开教学。语言具有系统性,语言教与学中应该对这种系统性予以利用,找到教与学中的规律,实施结构性学习方式。

结构学习要对如下几点予以关注：第一,对学生的英语结构运用能力进行培养；第二,对学生的词汇选择与创造力进行培养；第三,对学生组词成句、组句成篇能力进行培养；第四,对学生在不同语境下的交际能力进行培养。

（3）跨文化意识。跨文化意识是将对文化知识的了解与熟知作为目标,对文化习俗非常重视,因为利用英语为学生讲解文化习俗方面的知识。要想具备英语文化知识,学生不仅要对英语国家的历史与文化活动有所了解,还需要对相关文学作品进行研读,同时还要了解相关国家的风俗与习惯,从而形成对西方文化学习的热情与兴趣。久而久之,英语教学就成为一种对文化的探索教学,从而激发学生的学习兴趣,提升学生的学习效果。

这一模式要求在整个教学中需要对中西方文化进行对比,从而培养学生的跨文化意识。

2."文化因素互动"教学模式

考虑英语文化教学中存在多种问题,很多专家、学者从不同的视角提出了不同的解决方案,但是总体上都不能让人满意。文化的双向传递指的是在英语教学中,以中西方文化作为中心,以对文化的学习来促进语言的学习,从而建构学生的中西方文化知识结构,培养他们的跨文化交际能力。

文化因素互动目的是克服因英语教学中单向西方文化输入产生的问题,尤其是"中国文化失语"现象的出现,而是用中西方文化的双向输入;克服零散的点的输入,而是用系统的文化输入;克服片面的流行文化的输入,而是以文化精髓与文化底蕴进行输入;克服被动的文化输入,而是采用主动的文化建构输入。在英语教学中实施文化因素互动模式,有利于对学生的文化知识结构进行优化,培养学生的文化能力与意识,提高学生的跨文化交际能力,使学生能够在适应全球化发展的同时,对本土优秀文化进行弘扬,保证中西方文化的平等对话。

当前,多数英语文化教学将西方文化作为教授的内容,多以西方文化作为教学重点与资源,但是未将中国文化传播纳入教学之中,因此主张采用文化双中心原则。虽然当前基于全球化背景,文化研究多是以西方范式作为主导,但是我们也不能忽视本土文化。很多中国学者呼吁应该进行中西方文化的平等对话,而要想实现平等对话,主体必然是中国人,并且是懂得如何进行平等对话的中国人。中国的大学是培养中国人才的摇篮,中国的大学英语教育应该承担责任,在英语文化教学中坚持文化双中心原则,将中国文化教学与西方文化教学相结合,实现二者的并重,这样才能真正地做到知己知彼,才能避免出现"中国文化失语"的现象。

二、大数据驱动下大学英语文化教学的原则

(一)主体意识强化原则

基于全球化的浪潮,西方国家凭借自身的话语权,采用经济、文化等手段推行其生活方式或意识形态,对包括中国在内的其他文化产生了冲击,导致文化输入、输出出现了严重的失衡情况,也对其他民族的文化造成了严重的腐蚀。

对此,在实施文化教学中,教师必须引导学生对跨文化交际过程中的平等主体意识加以强化,减少学生对西方文化的盲从,增强学生对中国优秀传统文化的认知与了解,主动对中国传统的文化进行整理与挖掘,吸取文化中的精髓,将中国传统的优秀文化底蕴凸显出来,强调中国优秀传统文化在当今世界的价值。

在文化教学中,教师要引导学生遵循"和而不同"的原则,既要对其他文化有清晰了解,又要保持自身文化的特点,让学生能够向世界展现中国优秀文化的精髓。

在文化教学中,教师要不断培养学生自信的气度与广阔的胸怀,让学生学会在平等竞争中,与其他国家互通有无,以多种形式将中国的传统优秀文化传播出去,不仅对西方文化霸权主义的侵蚀加以抵制,还能确保中国文化在世界文化中的地位和格局,从而促进世界文化的多元发展。

(二)内容系统化原则

文化的内容非常丰富,其所包含的因素至今还没有一个定论,因此在实施文化教学时,教师不能一股脑地将所有文化内容纳入自己所讲授的内容之中。因此,我国的教育主管部门应该组织文化领域的专家、学者,从价值性、客观性、多元性等多个层面出发,对中国优秀传统文化的教学内容体系进行确立,具体包含中国的基本国情文化、社会主义核心价值观、民族文化、节日文

化、生活文化等。

（三）策略有效性原则

在实施文化教学时，教师应该采取有效的策略。具体来说，可以从如下两方面入手。

一方面，教师要用宽容、平等的心态对中西方文化进行对比，通过对比来鉴别。这一策略就是将中国文化与其他文化进行比照，从而将中国文化与其他文化的异同揭示出来，避免将那些仅属于某一特定社会的习俗与价值当作人类普遍的行为规范与信仰。

在运用这一策略教学时，教师应该对跨文化交际中存在的现实问题进行着眼，以共时对比作为重点，不会考虑褒贬，克服那些片面的文化定型，避免用表面形式对丰富的文化内涵进行取代。也就是说，教师应该引导学生透过现象看本质，通过理性、客观的态度，对不同文化的异同加以分析。

另一方面，教师要为学生提供充足的空间与机会，让学生感受到中国传统文化的魅力。通过体验，可以将课堂环境与社会环境结合起来，加强文化与社会、学生与社会等之间的关联性，使学生在英语教学情境下不断体验与感悟，从而帮助学生形成文化理解力、文化认知力。

三、大数据驱动下大学英语文化教学的方法

在混合式教学模式下，利用线上的慕课学习加线下的翻转课堂学习，将跨文化思辨教学内容尽可能多地输入和输出，从而培养学生的文化创造力和正确的文化价值观，具备跨文化思辨能力。

线上的慕课学习主要是选择合适的线上慕课课程，增加跨文化知识的学习。目前我国正在大力开展慕课建设，涌现了不少好的慕课平台，慕课课程资源也相当丰富。以中国大学慕课网为例，有关跨文化知识的课程就有好几门，如《文化差异与跨文化交际》《跨文化交流》《英语漫话中国文化》等。这些课程都是经过了精

心设计、策划和拍摄,系统性和连贯性相当强,不失为进行跨文化教学输入的好材料。选择适合所教学生水平的,兴趣性强的课程,就能进行很好的输入活动。线上慕课的学习时间设定为学生课后的自主学习时间。这样做不仅能帮助学生培养自主学习的习惯,也能解决课堂时间太少,无法大量进行跨文化知识学习的局限性问题。

线下的教学主要是教师在慕课课程的基础上,开展线下的翻转课堂教学,对学生进行答疑,组织学生进行跨文化知识的课堂展示、评价等思辨活动。这一环节可以用较少的课堂时间,给予学生较多跨文化思辨输出的机会。如针对每一个文化主题,集中进行一次翻转课堂教学。教师要对所选慕课课程内容相当熟悉,以便能更好地为学生答疑。探究如何设置课堂展示的小组任务,以便有效地训练学生的思辨能力。在实施的过程中,教师需要重点关注以下几个方面的内容。

(一)为学生制作学习单

为了使学生慢慢使用自主学习的模式,教师可以根据具体的教学内容为学生设计一套学习单,引导他们按照教学大纲和教学目的开展有意义的自主学习活动。在所设计的学习单中,教师应该详细列出本单元涉及的教学内容、学生要事先完成的自主学习内容、相关的语言学习材料目录、相关的文化积累材料目录。学生可以在完成学习单中的这些内容的过程中,逐渐了解自己要知道什么,想学什么,发现了什么,从而实现自主学习过程的建构,为英语文化教学的课堂活动奠定基础。

(二)要求学生进行课外自主学习活动

教师应该先将全部教学内容分解为若干个阶段性、模块性的学习目标,将制作好的短小精悍的不到10分钟的微课材料传到网络平台上,并且指导学生制订出相应的学习计划。学生一方面可以利用学校提供的网络自主学习平台,另一方面可以在家自主完成学习的任务。对于学习内容的选择,学生应该根据自身的文化知识掌握情况以及语言水平等进行适当选择,既要保证其与自身实际需要相符,又要确保其可以满足对新知识吸收的需求,也应达到通过语言与文化知识的吸收和内化,将新知识转化为已知信息,最终在特定的情景中与他人展开交流和分享,并且可以用目的语进行有效的交际。

(三)组织学生完成课内展示和谈论

当学生完成了自主学习,教师可以将原本是教师主讲、学生听讲的课堂翻转成教师指导、学生展示学习成果、相互交流学习成果和经验的课堂教学模式。教师不再是课堂教学的主体,身份也从之前的知识传授者转变成知识反馈过程中的指导者、支持者和评价者。与此同时,学生的身份也由之前的听讲者、被动的知识接受者转变成主动内容设计者、活动参与者。

课堂教学的内容与形式应具有多元化,一方面可以为学生提供机会展示自主语言学习、文化知识积累的成果,展示通过自主学习微课程和了解西方国家的文化背景知识而总结出的中西方文化冲突、文化比较等内容;另一方面可以为学生提供交流互动平台,组织各种形式的课堂对话活动,相互探讨、补充对西方文化的深层了解以及使用目标语进行有效交流的经验和体会等。

第九章　大数据驱动下大学英语教师的专业发展

目前,大学英语教师专业发展问题是信息时代学者们关注的重点话题之一。基于大数据背景,大学英语教师需要通过多种途径来提升自身的教学能力。换言之,在大数据时代背景下,大学英语教师的专业发展备受瞩目。为此,本章就针对大数据驱动下大学英语教师的专业发展进行分析。

第一节　大学英语教师专业发展概述

一、教师专业发展的定义

自20世纪80年代以来,教师专业发展的问题得到了学术界和教育实践界的高度重视。教师专业发展成为教师教育的一个核心问题。因为教师教育的质量和水平的高低直接影响着教育事业能否实现健康、持续的发展。

教师专业发展的内容,包括专业精神的发展、专业知识的发展、专业能力的发展、专业自我的发展。另外,教师的现代素质也显得尤为重要。比如,教师是否拥有健康的体魄和良好的心理素质、是否拥有创新的精神和能力、是否拥有教育研究的意识与能力、是否能够熟练运用现代教育技术、是否具备浓厚的法律法规意识等,这些都是现代教师必备的职业素质。可以说,在每一个实现专业化发展的教师的身上,都能看到这些素质自然而和谐地共存。

二、教师专业发展与教师继续教育

如前所述,教师专业发展具有三种含义,下面分别就前两种含义与教师继续教育概念的区别与联系进行论述。

教师专业发展的第一种含义是把教师专业发展理解为教师个体的、内在的专业素质提高的过程。这一含义强调教师专业提升的个人能动性、持续性。这种含义与教师继续教育概念的区别有以下两点。

(1)前者旗帜鲜明地指出了教师继续教育的目的,即教师个体的、内在的专业素质的提高;后者的侧重点在于表明促进教师专业发展的手段,即教师在职进修和在职培训。

(2)前者强调教师专业发展的个人能动性和主动性,后者强调培训部门在教师专业素质提升中的功能,把教师专业素质的提升作为一个外在的、被动的活动。

二者的联系有以下两点。

(1)教师继续教育是促进教师专业发展的手段之一,此外促进教师专业发展的手段还有教师个体自主学习以及其他非正式的学习等。

(2)两者均强调教师专业素质的提升是个终身学习的过程。

教师专业发展的第二种含义是把教师专业发展理解为促进教师专业成长的途径和策略,即教师教育。其与教师继续教育的区别在于:前者包括教师的职前培养和继续教育。两者的联系在于:在职教师的专业发展指的就是教师继续教育,当然也包括在职教师个体的自主学习以及其他非正式的学习等。本书所言的教师专业发展指的就是一切促进在职教师专业成长的途径和策略,在外延上包括教师继续教育(或教师培训)、教师自主专业发展活动以及各种非正式学习和偶发学习。

从上述分析来看,不管对教师专业发展持何种理解,教师专业发展与教师继续教育在教育指导理念与关注点上存在着一定的差异。教师专业发展是把教师看作一个主动的、持续反思自身实践的人,教师继续教育则是从外部要求的角度来看待教师的发展,潜在地把教师理解为一个被动的、需要外部推动其学习的人。

三、教师专业发展的意义

在教师专业发展的进程中,教育界人士进行了坚持不懈的探索,向世人展示了教师专业发展的内在魅力,也体现了教师专业发展对教师个人、教师职业和社会的深刻意义。

(一)有利于人们重新审视教师的职业性质

长期以来,在公众和社会舆论方面,对教师职业强调的主要是知识传授方面的要求。由于中小学所学内容的浅显性,使得相当多的人并不看重教师作为专业人员的理论水平与特殊能力。教师专业化的推进将有利于改变人们对教师职业性质的认识。它能让人们意识到,教育过程不是简单的传授过程或塑造过程,而是由师生共同构成的一个互动过程。

(二)有助于优化教师素质

在学校教育过程中,教师的作用主要在于向学生传授知识,开发学生的智力;培养品德,启迪学生的心灵;指导学生锻炼身体,增强学生的体质。教师承载着千万青少年儿童的未来和希望,肩负着开启民智、传承文明的使命。社会上的每种职业都有各自的素质规定,具有较强专业性的教师职业对于专业素质的要求也很高。教师仅具备一个现代人的基本素质是远远不够的,还必须具备教师职业所需要的特殊的专业素质。教师承担的使命要求教师必须具备合格的思想政治素质、科学文化素质、教育理论素质、教育能力素质、身体和心理素质等。此外,社会的进步、科技的发展以及知识经济时代的到来,对教师素质也提出了越来越高的要求。教师专业素质的提高不再是依靠职前系统定向培养一次性完成,而是需要延伸和覆盖教师的整个职业生涯。教师专业发展给教师个体和群体都提供了优化素质的途径。

(三)有助于促进教师职业成熟

教师专业发展对教师职业的促进作用体现在以下几个方面:第一,教师培养课程使教师的素养更能适应社会教育对培养人才的需要。第二,教师职前培养更加系统化和专门化,以适应社会对不同层次教师的需要。第三,教师培训专业化。大量的教育机构根据一定的条件将进入教师培训这一领域,形成一个规模巨大的市场,这就需要对教师培养和培训机构进行认可和评估。第四,教师群体和教师职业的道德规范的形成和稳定发展。专业化的另一个含义就是群体价值观的形成。教师的道德规范、价值观是随教师职业的专业化形成的。第五,教师任用制度化。通过专门的机构根据一定的规范和程序进行,使教师职业的准入适应社会的需要。教师的专业发展与教师教育的高质量需求是联系在一起的,并因此促进教师职业趋向成熟。

(四)有助于推动社会进步

教师专业化与社会进步息息相关。根据社会学理论,个体和群体的社会化是社会进步的一个重要标志。无论是个体的人还是群体的人,在被社会化的同时在参与创造社会,从而形成了这一群体的独特的文化、个性发展和社会结构。不难理解,教师在被社会影响的同时在影响着社会,与社会形成共生共存的关系,这一群体自身也具备了高级社会的特征,并且还会随着社会的进一步发展而发展。教师专业发展通过促进教师职业的专业化来推动教师个体和群体的社会化,最终推动社会进步。当教师职业不再与平庸、烦琐相关联,而是与高尚、创造、尊严为伍时,当教师的劳动不再是重复、枯燥,而是充满着发现的喜悦和探究的乐趣时,我们教育事业的兴旺发达也就是近在眼前的事了。

四、教师专业发展的有效途径

（一）专业政策扶持

政策可以为教师提供制度保障,降低教师专业实践可能面临的风险与代价。提供专业政策扶持、完善教师政策可以从以下方面着手。

1. 政策制定着眼长远

目前国家和地方出台的一些涉及教师的政策,大多属于短期、暂时性质,即针对公众舆论反映较为强烈的问题出台相应规章。这样的政策往往针对教师群体中某类突出现象,其出台不过应一时之需,对教师长远能力提升和自主意识确立并无明显效用。

真正的教师专业发展往往在一线实践和系统化专业支撑体系相融合的基础上产生。因此,应从战略角度看待中小学教师和高校教育研究之间的联系,从国家层面供给相应政策促动这种融合形成。这意味着,借助政策驱动打破职前与职后藩篱,实现大学与中小学教师培养深度联合,将一定比例的师范生课程安排在中小学完成,同时让更多一线教师重新进入大学进修,相互取长补短以谋求合力。这还意味着推进教师专业不断走向高端化,促进教师学历标准由"中师—专科—本科"体系向"专科—本科—研究生"层次升级。

2. 政策文本严谨规范

一方面,政府部门应避免各自为政导致政策价值取向过于分离,追求政策间相互融合；另一方面,则应对政策文本中那些模糊的、想当然的概念保持必要警醒。

3. 顾及教师切身利益

考虑到社会财富不断增加和国民整体生活质量不断提高,教师的地位、待遇与其贡献依然不相称,教师的实际政治、经济地位低于其应然地位。近年来,对发展不利地区和学校的教师,在津贴、补贴、专业机遇等方面给予更大政策倾斜,提升他们的专业满意度,降低他们的离职意向,规定小学教师也可以受聘正高级专业技术职务等,一定程度上体现出决策者对教师专业价值的认知正趋于深化。

4. 参与主体应更多元

首先,应改变公权部门决策专断的局面。其次,增加一线教师的实质性话语权才可能降低教师在政策实施中的惰性与抵制。再次,专业性较强的政策交由非官方教师协会、基金会主导制定,关于政府与教师利益分配的政策则应由第三方中介机构监督制定。最后,加强政策执行监督,避免有制不依,鼓励社会力量、新兴传媒参与监督。

(二)学校专业管理

学校是教师专业发展核心场域,教师专业面貌是学校的基本校情,重视教师专业发展是学校爱师的表现。绝大多数教师专业发展事件都在学校遭遇、发生,教师专业发展各个时期都需要学校提供支持与引导,校本化也是教师专业发展新趋势。

学校专业管理是教师能否顺利发展的外部因素。调控和优化这一因素在教师专业认知生成、专业自主性提升等方面不可或缺。倘若一所学校教师精神涣散、工作懒散、教学懈怠、离职现象严重,提升学校教学质量及社会声誉的期许自然难以实现。对于教师而言,其必须要回应学校的诸多专业要求。在学校,教师专业实践会遭遇来自校方的复杂影响。这要求教师洞悉学校专业管理意图及旨趣,并在自身需要与学校管理产生冲突时学会自我调适。可以从实现学校管理理念转换、反思学校专业管理规范、学校专业管理实践准则等几个方面着手进行。

（三）教师培训机制

教师培训早已成为教师专业发展的重要途径。最初,教师培训主要针对教师学历偏低、教学理念滞后与基本技能欠缺;而后,培训扩展至新手教师专业适应、前沿教育科研方法、高端大数据应用、现代课堂管理乃至教师情商修炼等领域。注重校本教师培训是非常重要的。

当前,校本培训形态需要不断充实,减少理论型讲授、讲座、报告,增加对教师专业变革有实质性改善的培训内容,以问题为中心进行研究式培训。校本培训在培训时空、培训内容、培训方式及结业评价等方面应采取开放、多元价值理念。培训的最终评价应以教师在学校现实情境中成功"做"出来为最终准绳,因此校本培训尤其提倡做中学、干中学、例中学、探中学。在全员培训理念下,评价的目的并非要所有教师都成为学者型教师,而在于借助培训让每位教师都有所获,体验到专业价值并努力践行这些价值。

（四）教师自我完善

一切教育归根结底都是自我教育。一般认为,自我完善是教师有意识地依据专业标准及自身专业定位,积极主动地利用外在环境条件,通过自我认知、自我评价、自我管理不断弥补自身不足、提升自身能力的内部引导机制。专业竞争日益加剧、专业要求普遍提高、专业发展不确定性增大也使教师自我完善成为必然。

首先,教师需要丰富自我内涵。自觉对已有知识体系加以取舍、补充、优化和重组,适时调整知识结构,拓宽知识视野,促进自身知识更有效地迁移,避免过时守旧的知识观影响专业效能;在接触学生、辅助技巧、课堂评价、自学讨论、引导学生自我检查、发现学生的疑难问题、分析教材、以学定教等方面不断磨炼自己,了解学生的时代特质及发展规律,对学科内容和学生状况心中有数,基于学生的知识、经验背景设计教学、组织教学活动;学会理清教学内容间的关联性、层次性及难易等级,拓展可供选择的教学策略范围,做到教学环节衔接合理自如,教学行动自然流畅,策略选择审慎而合理。

其次,学会自我管理。一般认为,教师自我管理的具体策略包括:行动,不仅包括外在行为本身,还包括行为背后的观念支撑或知识体系;行动反思;剖析核心问题;搜寻替代方案;进行新尝试。应避免惯性思维,摒弃自以为是的成见,注重对专业实践进行观念和技术层面的重建。

最后,实现自我价值。一方面,教师应在市场思潮中秉持正确的专业价值观;另一方面,教师应坚持自我完善与自我价值内在统一。

第二节　大数据驱动下大学英语教师的角色与素质

大数据影响下的大学英语教学作为一种新兴的教学方式,有效促进了课堂教学效果的提高和教学目标的达成,实现了个性化学习,并对教师提出了新的要求,促进了教师角色的转变。具体而言,在大数据影响下的大学英语教学中,大学英语教师的角色发生了显著的变化。大数据影响下的大学英语教师角色让课堂更为有效、生动,教师发挥了更多的引导和协助的工作,学生提供了个性化学习感受和多样化学习方式,对英语课堂的顺利实施有着显著的促进作用。

说到角色,一般人会觉得其与身份、地位有关,认为角色是对人们身份、地位的诠释。在当今社会,教师扮演着十分重要的角色,他们以各种方式调动与引导学生参与活动,并引导学生在自己设定的环境中展开探索。本节首先分析大学英语教师的传统角色,进而探究大学英语教师角色的转型。

一、大数据驱动下大学英语教师的角色

(一)大学英语教师的传统角色

在传统的大学英语课程教学中,教师扮演了两种重要的角色:一是知识的复制者;二是知识的传授者。

1. 知识的复制者

在传统的大学英语课程教学中,教师的工作就是将知识原封不动地传授给学生;在传统的大学英语教师的眼中,书本知识就是金科玉律,教参就是真理,因此教师往往将书本知识视作教授学生的来源,并且根据书本来设计教案。对教师教学好坏进行评价主要看教师能否把书本知识传达到位、准确。显然,基于这样的观念,大多数教师从书本内容出发展开教学,教师很自然地就成了英语课本的复制者。

在传统的大学英语课程教学中,学校往往为教师配备了一整套教材、教辅等,并且为教师设计了教材上要求的每一堂课的活动,甚至对教师说的话都进行了明确的规定。教师如同批量生产的工人一般,千篇一律地展开教学,将大纲内容复制给学生。但在新环境下,教学过程被看作师生互动的过程。就建构主义学派的观点来说,这一过程是师生对客观事物的意义加以构建的过程,并且是合作性的构建,并不是单纯地对客观知识加以传递。

在大学英语课程教学中,教材、教参等是重要的资源,师生需要对这些资源进行开发,尤其对教师来说,他们需要对这些资源加以分割与整合,之后通过与学生的互动,将固有内容转化成丰富的、可供学生理解与接受的知识。之所以将教材静态的知识转换成动态的资源,将课堂上单一的知识转变成生动的课堂,最终目的都在于帮助学生获得知识。就这一角度而言,学生固然是知识的构建者与参与者,而教师更应该将自己置身于开放的环境中,成为资源的积极构建者。这也就是说,教师的角色应该发生

第九章　大数据驱动下大学英语教师的专业发展

改变。

2. 知识的传授者

传统的教育观依然在教师的心中存在,这与现代的信息环境有着较大差距。在大数据环境下,很多教师的理念中仍旧存在"教书匠"的意识,他们侧重以书本作为经验与教学方式,采用灌输的手段进行教学。一些教师将学生看作被动接受知识的容器,认为教材是学生获取知识的对象,教师是将这些知识灌输给学生的人。显然,教师充当了一个"传话筒"的角色,学生是接收器,将教学简单地视作知识传递的过程。这种对知识过于重视而忽视具体能力的教学方法,势必会造成教学过程的重复、单一,也会制约教师的创新意识与研究精神,让教师的教学思想与观念更加保守、陈旧。

在新形势下,大数据迅猛发展,教师在技术、知识上所具备的权威性受到极大的挑战。在新环境下,大学英语教师对于知识传授者的角色是否有新的理解?是否对教师新的角色进行重新定位?教师自身的教学手段、角色观念是否感到不适?教师如何转变自我并适应这一环境?这些问题都说明,教师作为知识传授者的角色应该改变。

(二)大数据驱动下大学英语教师的角色定位

传统的大学英语教师所扮演的角色已经很难适应当今社会的需要。在这个多元化的社会,教育具有多样性,他们需要适应不同层次、不同族群人的需求。教师需要作为文化传承执行者的角色展现在人们的面前,他们通过间接的形式逐渐实现文化传递。只有具有多元文化教育观的教师,才能与多元文化社会教育相适应。也就是说,教师不再是知识的传授者与复制者这些简单的角色,而是被赋予了新的多样角色。下面就具体分析大学英语教师角色的转变。

1. 语言知识的诠释者

大学英语教师是英语语言知识的诠释者,他们在开展课程教学之前,首先必须具备渊博的知识。简单来说,大学英语教师需要对英语专业知识有系统的、全面的把握,并能够从这些知识中分析出语言现象。一般来说,英语教师需要掌握的专业知识包括理论知识、语境知识、实践知识等,这些知识中囊括了语音、词汇、语法、语篇、文化等知识,大学英语教师只有掌握了这些知识,他们才能解决学生学习中遇到的实际问题,帮助学生提升自我,实现更好的语言输出。

2. 语言技能的传授者

当然除了英语知识外,大学英语教师还需要掌握语言技能,并且将这些技能传授给学生。在学生学习语言的过程中,掌握语言知识是基本条件,而最终目的是提升自身的语言技能。一般来说,语言技能包含听、说、读、写、译五项。就语言的发展规律而言,听、说居于重要地位,读、写、译其次;但就外语教育的角度而言,读、写、译居于重要地位,听、说其次。这就说明大学英语课程教学的目标是让学生具备一定的读、写、译能力,而听、说能力是实现读、写、译能力的前提与基础。大学英语教师要想能够提高教学质量,熟练地驾驭英语这门课程,就必须掌握这五项技能,并且保证五项技能的有机结合,从而提升学生的语言综合技能。

3. 课堂活动的组织者

无论是大学英语课程教学还是其他教学,课堂活动都是必不可少的一部分。在大学英语课程教学中,课堂教学是其重要的载体与媒介。大学英语教师要想提升自身的教学质量,必须要设计出合理的课堂活动,如辩论、对话、对话表演等,这些都是能够让学生参与其中的活动,让学生有真实的语言训练机会,提升自身的语言表达能力。在这之中,学生也会不断加深对英语语言知识与技能的印象,巩固自身的知识体系。

4. 教学方法的探求者

大学英语教师在大学英语课程教学中不能仅使用一种教学方法,应该承担起教学方法开发者与设计者的角色,创新教学方法,使课堂更多样有趣。与其他学科相比,大学英语课程教学具有极强的实践性,因此其与教学方法的关系更为密切,甚至教师对语言知识的分析、学生语言技能的掌握、教师课堂活动的组织等都需要考虑相应的教学方法。

随着很多学者对英语课程教学进行深入的研究,探索出了很多教学方法,如语法—翻译法、交际法、任务法、情境法等,这些教学方法各有利弊,大学英语教师需要考虑教学的实际情况以及学生的实际水平,选择适合自己的教学方法组织教学,有时候甚至需要多种方法并用,从而达到最佳的教学效果。

5. 网络技术应用者

(1)语言单元任务的设计者。要想实现单元主题目标,就必然需要对单元任务进行设计,这是大学英语教师的一项重要任务。学生通过教师设计的这些真实的任务,可以拓宽自己的语言知识面,还能够提升自身解决具体问题的能力。因此,在英语学习中,语言单元训练任务的设计是非常重要的。这要求教师在网上设计相应的单元任务,让学生在规定的时间内完成,最后提交完成任务的结果。通过这种方式,学生可以降低自身的压力,愿意参与其中。

另外,通过网络,学生可以根据自身的实际情况选择教师设计的任务,遇到问题时也可以与教师或其他同学进行网上交流,最后呈现自己的作品或观点。显然,这种方式不仅锻炼了学生的英语语言水平,还有助于提升学生的兴趣和积极性,加强人与人之间的交往与合作。

（2）有效主题教学模式的设计者。在新形势下,大学英语课程教学要求教师不断探求新的教学模式与方法。具体来说,大学英语教师不仅需要发挥网络的优势,还需要提升学生学习的效率。对此,大学英语教师在设计主题教学模式时,应该选择学生感兴趣的话题,并且整个教学模式都围绕这一主题开展,以小组合作讨论的形式完成任务,最后提交讨论结果。

当然,由于处于网络环境下,大学英语教师设计的每一个主题应该能让学生在网络上找到丰富的资料,包含这一主题的文化背景与发展动态,然后由学生进行总结与归纳,进而学生在网上进行讨论,这样的设计模式实际上帮助学生摆脱了课本的限制。

另外,在设计有效主题教学模式时,大学英语教师要尽量链接一些有效网址,帮助学生接触更多的国内外文化知识。大学英语教师还可以下载一些前沿性的资料,以吸引学生,提升他们的求知欲。当然,对于一些敏感性的话题,大学英语教师要进行正确指导,避免学生出现文化偏见。

（3）学生网络学习的帮助者。在大学英语课程教学中,网络能够起到监控的作用。通过网络监控,大学英语教师可以对学生的学习过程有所了解与把握,从而帮助学生实现自己的学习需要。大学英语教师是学生进行网络学习的帮助者,尤其对于差生而言,大学英语教师更是发挥了不可磨灭的作用,他们通过记录学生浏览网页的情况,了解学生是否参与其中,从而清楚学生在学习中遇到的困难,之后帮助学生解决实际的问题。

另外,由于不同的学生遇到的困难不同,因此大学英语教师应该给予分别指导,促进不同层次学生各自的进步。显然,大学英语教师对学生网络学习的帮助更具有人情味,不仅有助于提升优等生的水平,还有助于避免差生的畏惧心理,帮助不同层次的学生解决不同的问题,真正帮助他们实现有效的自主学习。

（4）在线学习系统的建立者和学生学习过程的监控调节者。网络为学生的英语学习提供了便利,而教师在这之中充当了调控学生学习、提供个别指导的作用,但在这之前,首先就需要建构一个完善的在线学习系统。在这一系统中,有教师与学生两个端口。学生通过填写自己的信息,向教师端提出申请,教师负责审核,使学生加入这一系统中。

根据在线学习系统的导航提示,学生可以获取自身所需的资料,也可以下载下来。例如,某一在线学习系统可能包含"单元测试"与"家庭作业"两个项目,在"单元测试"中学生可以进行训练与测试,在"家庭作业"中学生可以提交自己的作业。之后,学生可以通过论坛、QQ等与教师进行讨论,实现网上交互。

二、大数据驱动下大学英语教师的素质

从心理学上说,素质即人们与生俱来的神经系统、感知器官的某些特征,尤其指的是大脑结构与技能上的某些特征,并认为素质是人们心理活动产生与发展的前提与基础。[①]

沃建中认为,教师素质是教师能够顺利完成教学任务、培养人所必须具备的品质,且是身心相对稳定的基本品质。[②]

林崇德将理论与实践紧密结合,把教师素质界定为:"在教学活动中,教师表现出来的、对教学效果起决定作用的、对学生身心发展产生直接影响的心理品质的集合。"[③]

本书所说的教师素质主要侧重于教师的从业素质,即教师的职业素质,具体指教师为了与教师职业要求相符所必须具备的基本能力与品质。其中包含教师的道德素质、文化素质、思想素质、能力素质、科研素质等。

(一)大学英语教师基本素质

根据林崇德先生提出的"三层次五成分"教师素质观,从当

---

① 李成学,罗茂全.教师的素质与形象[M].四川:四川教育出版社,2010:30.
② 沃建中.教师素质对学生心理的影响[J].广西右江民族师专学报,2001(3):60—63.
③ 林崇德,申继亮,辛涛.教师素质的构成及其培养途径[J].中小学教师培训,1998(1):10—14.

前大学英语教师的基本情况考量,大学英语教师素质的内涵可以涉及如下几个层面。

1. 职业理想

教师的职业理想是教师从事教学工作的兴趣与动机的体现,是其献身于教学工作的原动力。在大学英语教学中,教师的职业理想表现为积极性、事业心、责任感,大学英语教师具备的崇高的职业理想,是他们开展大学英语教学活动的有利层面。

2. 知识水平

教师所具备的知识水平是教师开展教学工作的前提。林崇德(2005)从功能角度出发,将教师的知识结构划分为四大部分:本体性知识、文化知识、实践知识、条件性知识。

教师的本体性知识是教师特有的知识,如英语语言知识,这是为人们普遍知晓的。这一知识与舒尔曼的学科知识基本等同。在林崇德看来,一个人最佳的知识结构就是自己所从事职业的知识,这是获取良好教学效果的保证。学生的年级越高,教师的威信越取决于自身的本体性知识。但是,林崇德也指出具备本体性知识只是教师教学的基本保证,却不是唯一的,即还需要具备其他层面的知识。

教师的文化知识对于教师教育效果而言有着重要意义,其与教师的本体性只是有着同等重要的作用。

教师的实践知识是指教师在具体的课堂中,面临有目的的行为所具有的课堂情境知识或相关知识。这种知识是教师经验的积累。教师的教学与研究人员的科研活动不同,具有情境性,且在这些情境之中,教师的知识主要是从个体实践而来的。同时,实践知识会受到一个人经历的影响和制约,这些经历有人的打算、人的目的、人类经验的积累等。这种知识的表达有着丰富的细节,并且以个体化语言来呈现。

教师的条件性知识是一个教师能否取得教学成功的保证。

第九章 大数据驱动下大学英语教师的专业发展

一般来说,教师的条件性知识可以划分为三种:学生的身心发展知识、学生成绩评估知识、教与学知识。

3. 教育观念

教师的教育观念是他们在教学活动中形成的对教育现象的主体性认知,是从自身的心理背景出发进行的认知。一般来说,教育观念包含知识观、教育观、学习观、学生观等。

4. 监控能力

教师的监控能力指的是他们为了保证教学能够顺利实现预期目标,在教学过程中对其进行主动计划、检查与反馈等。具体来说,包括对课前教学的设计、对课堂进行管理与指导、对课堂信息进行反馈。事实上,教学监控能力是教师对其认知的调节与控制,是教师思维反省与反思的体现。

5. 教学策略与行为

教师的教学策略与行为是教师为了实现教学目标,从学生的特点出发,采用各种教学手段进行因材施教。在大学英语教学中,教师的教学策略与教学行为是教师根据不同学生的学习风格与水平差异,创造符合学生风格的课件,采用网络多媒体技术,将自身的教育思想与学生容易接受的方式完美地融合。

(二)大数据驱动下大学英语教师的素质定位

1. 以学生为中心的教学意识

在传统的大学英语教学模式中,教师在课堂上占据绝对的主体地位,他们是教学活动的掌控者、组织者,学生是被动的参与者。在这样的教学过程中,教师也不会意识到不同学生是存在差异的。即便教师注意到了这一点,大多数教师也会忽略。

实际上,在大学英语课堂中,所有的学生形成一个多元文化语境,他们来自不同的地区,具有不同的成长背景,这就使得他们有着不同的接受能力、不同的思维方式等。如果教师对所有学生都一视同仁,那么必然会削弱学生学习的积极性与主动性,也势必会导致教学效果不佳。

在跨文化教育背景下,教师应该"以学生为中心",教师自身的角色也应该发生改变,从原本对课堂的控制者转变为对学生英语学习的辅助者,同时对待每一位学生都应该持有平等、公平的态度。教师要认识到不同学生的文化差异与多样性,对不同的学生采用不同的方法,使学生成为教学的主体,展现自身的个性,从而更好地在多元的环境中习得英语这门语言。

2. 信息化时代下的信息素质

随着科技的日益进步,人们逐渐意识到:人才的高素质是一个国家、一个民族最大的竞争力。在所有素质中,信息素质是一个最不可忽视的方面。因此,各国教育界都特别注重对个人信息素质的培养,很多国家从中小学起就抓孩子的素质教育。然而,对于中国来说,信息素质教育的起步特别晚,并且一直以来仅对在校的高校学生开展文献课,直到教育信息化实施,才在一些条件相对较好的中小学开设信息教育课。对于在职的高校教师而言,信息素质教育根本就没得到应有的重视,甚至有的教师都不知道信息素质的含义。很多资料表明,我国高校教师的信息素质早已无法适应当今教育信息化对高等教育发展的需求,与发达国家相比,存在巨大差距。

第三节 大数据驱动下大学英语教师专业发展的途径

大数据影响下的大学英语教学对教师的专业能力提出了更高层次的要求,如何实现教师的专业化发展逐渐受到了人们的关注。下面就从几点来探究大数据驱动下大学英语教师专业发展的途径。

一、提升专业能力

教师要想在跨文化教育背景下提升自身的跨文化意识,首先就需要提升自身的专业能力。具体来说,可以从如下几点着手。

(一)专业引领

当前,我国的大学英语教学在不断革新,先进的理念需要有骨干、研究者的带领,才能促进自身的专业发展。[①] 一般来说,教学专家、资深教师等都可以起到专业引领的作用。普通大学英语教师要向他们学习,接触先进的思想与经验,从而推动自身的专业化发展。

1. 专业引领的要求

(1)要发挥专家与普通大学英语教师之间的能动性与积极性。不同的引领人员,所侧重的层面必然不同。科研专家对教学理论非常注重,其在引领上更注重理论与实践的结合。骨干教师注重教学实践,其在引领上更注重具体操作。但是无论是哪一种引领,他们都需要较高的引领能力,既能够在理论上进行指导,还能够在具体操作中提供建议。对于普通的大学英语教师而言,他们应该配合专家与骨干教师,对其给予的建议要认真听取,并择优采纳,从而分析与总结自身的教学问题,对自己的教学活动进行反思,提升自身的专业素质。

(2)大学英语教师要保证内容、目标等的正确,采用的方法要恰当。大学英语教师专业发展的总目标在于让他们能够对新知识、新信息予以把握,并且能够在这些新知识、新信息的基础上提升自身的专业素质。不同的大学英语教师存在着个体的差异,

---

① 孟丽华,武书敬.网络环境下大学英语教师专业素质发展研究[M].北京:外语教学与研究出版社,2015:53.

在专业发展、水平上也必然不同,因此在进行专业引领时,需要考虑不同教师的具体情况,对不同的教师制订与他们相符的方法,从而实现专业引领的合理性与有效性。

2. 专业引领与大学英语教师专业能力发展

从上述分析可知,专业引领对于大学英语教师专业能力发展非常重要,具体而言可以从如下几个层面着眼。

(1)阐述教学理念。就很大程度而言,大学英语教师的教学行为往往会受到教学理念的影响,因此在专业引领中,专家、骨干教师等应该尽可能引导普通的大学英语教师熟悉与掌握教学理念,可以采用讲座或者报告等形式。

(2)共同拟订教学方案。当普通的大学英语教师对先进的理念掌握之后,专家、骨干教师应该与普通的大学英语教师共同探讨先进的教学方案。在这一过程中,专家、骨干教师不仅是引领者,还需要对普通的大学英语教师的教学设计提出建议、给予指导,从而让普通的大学英语教师的教学设计更为完善。在专家、骨干教师等的引领下,普通的大学英语教师能够顺利地制订出与教学理念相符的教学方案,并将这一方案付诸实践。

(3)指导教学实践尝试。当制订完教学方案之后,就需要将其付诸实践,从而对教学方案进行验证。在验证时,专家、骨干教师应该参与其中,对教师的教学行为进行记录,从而与具体的方案进行对比,找出差距。在教师结束课堂教学之后,专家、骨干教师与普通的大学英语教师进行分析与探讨,对教学方案进行修订,从而使方案更完善、更切合实际。

(二)课堂观察

所谓课堂观察,是指通过有计划的观察,对课堂的运行情况以及一些细节进行分析与记录,从而改进教师的课堂教学与学生的学习。

与一般的观察相比,课堂观察要求观察者有明确的目的,并

第九章　大数据驱动下大学英语教师的专业发展

借助观察表、录像设备等手段,直接或间接地从课堂收集资料,并对收集的资料进行研究与分析。

1. 课堂观察的步骤

课堂观察一般分为如下三个步骤。

在课堂观察之前,首先要对解决的问题予以明确,保证观察的针对性;其次,要根据相关问题制订教学计划。一般来说,教学计划的内容包含时间、地点、方式、课次等。如果条件允许,可从具体的要求出发,对观察者进行专门的培训。

在课堂观察过程中,就要采用一定的观察技术手段,从课堂观察之前制订的观察要点与观察量表出发,选择恰当的观察角度与位置,进入观察状态,通过采用不同的记录手段,在技术层面将定性与定量方法相结合。在观察过程中,还需要对典型的行为进行记录,尤其是记录下实际情况与自己的思考。

课堂观察结束后,要对记录的资料、收集的材料进行分析与整理。课堂记录的资料分为两种:一种是定量性质的;一种是定性性质的。这两种资料所采用的分析手段不同,但是目的确是相同的,即通过系统的分析,对课堂行为间的关系进行了解与把握,解决课堂中存在的实际问题。通过分析与整理,所有参与者最终探讨相关的解决方案。

3. 课堂观察与大学英语教师专业能力发展

课堂观察对于大学英语教师的专业发展有着重要的意义,具体而言表现为如下几点。

(1)课堂观察有助于教师专业发展的实践反思。基于课堂观察的自我反思是教师在教学中做出的并能够产生结果的分析与审视。在反思的过程中,教师将自己视作有见解、有理想、有决策能力的人。这样,教师就会对教学行为、教学计划等进行分析与自评。反思能力的养成是确保教师继续学习的基本条件。在反思中,教师对自己的专业视野加以拓宽,将自己追求超越的动机激发出来。同时,这种观察不仅有助于对自己的教学实践与教学行为加以改进,还有助于不断提升自身的教学水平与教学质量,促进自身的成长。

  课堂观察使得教师对课堂生活进行真正的认识,也有助于不断激发教师的自我发现、自我设计。通过自己与同事的观察,教师能够不断提升对自我的认识,不断增强自信心与责任感,由此促进教师批判地、系统地分析自己的教学行为与教学水平,发展自己的判断能力,使自己与其他同行之间相互反省与通力合作,解决教学中存在的现实问题,并通过课堂观察,对自己的教学不足加以改进,提升自身的教学水平与教学质量。

  (2)课堂观察有助于加强教师对课堂的驾驭能力。教师对于教室内发生的教学管理、教学行为等,只有进行全面的、系统的观察,才能真正地将课堂中的各种行为记录在内心,保持课程能够顺利地开展,并获得口头的或者书面的评价资料等。因此,对于教师来说,课堂观察是理解与解释课堂事件背后的意义,最为直接的方法,对于教师理解与把握课堂行为,有着极其重要的作用与较高的价值。

  教师要想对自己课堂上的表现与行为有清楚的认识,必须要进行课堂观察,通过课堂观察、课堂行为的分析,教师能够获得更为详细、更多的与自己与学生相关的反馈。在观察中,教师能够发现自己或者其他教师的问题,让自己清楚地认知自己的教学行为。

  另外,在课堂观察之后,教师能够与其他教师进行交流与探讨,对自己的教学行为进行反思,对自己的教学行为加以改进,找寻恰当的教学策略,从而积极主动地改进教学中存在的问题。

  总之,课堂观察有助于教师对自己的课堂行为、课堂观念有清楚的认识,进而对自己的教学进行自我评价,从而激发自身对专业发展的积极性与兴趣。

二、提高专业意识

所谓教师的专业发展意识,指的是教师按照教师专业化的要求,对自己专业发展过程、目前专业发展状态、未来专业发展规划的系统化、理论化的认识。教师的专业意识是基于教师的自我意识、职业认同、动机的基础上产生与呈现的,其对于教师素质与能力的拓展起着重要的规划与导向作用。

要想提高大学英语教师的专业意识,首先就要掌握一定的方式、方法和策略,这是信息化教学能力培养的中观层面。在这一层面中,大学英语教师的职前培养、教学实践、在职培训、协作交流、自主学习等是最为主要的几个方面。

(一)进行职前和在职培养

大学英语教师信息化教学能力的发展是一个系统的过程,进行职前与在职培训是大学英语教师信息化教学能力发展的重要促进环节,两者是紧密结合的。通过职前培训,大学英语教师能够系统地掌握信息化教学技术的知识和能力,为下一步在大学英语教学过程中运用大数据打下坚实的基础。通过在职培训,大学英语教师能够及时学习最新的信息化教学技术,并可以与更多的大学英语教师进行沟通交流,从而提高自己的信息化教学能力。

(二)传统方式与网络方式相结合

在当今大学英语教学中,利用信息化技术进行大学英语教学时,也不要忽略了传统的大学英语教学方式,要将传统的教学方式与网络方式结合起来进行,教师在教学过程中要与学生进行不断的面对面的交流,不断提高自己的信息化教学能力。随着大数据的不断发展,人们获取信息资源的渠道逐渐多元化,无论是知识的获取,还是教学经验的分享等都可以通过网络来获取。因此,将传统方式和网络方式结合起来能极大地提高大学英语教师的教学能力,从而促进大学英语教学质量的提升。

(三)自主学习与合作交流相结合

在大数据教学背景下,大学英语教师要想具备一定的信息化教学能力,就需要通过不断的学习和提高,以适应不断发展和变化着的学校教育。在平时的工作中,大学英语教师可以通过自主学习掌握基本的信息化技术手段,与其他的大学英语教师进行沟通与合作,多参加一些与信息化教学有关的研讨课等,逐步提升自己的信息化教学能力。在面对面协作交流的过程中,要注重提高虚拟的、跨时空的协作交流能力。这对于大学英语教师掌握信息化技术,提高大学英语教学水平具有非常大的帮助。

(四)技术知识与实践应用相结合

信息化技术知识与能力主要是大学英语教师通过职前培训得到的,但需要注意的是,仅仅掌握信息化技术知识是远远不够的,还要具备一定的技术知识与实践应用相结合的能力。通过大数据的培训,大学英语教师可以在学习中体验和模仿,强化对大数据知识的实践应用。只有将技术知识与实践应用充分结合起来,才能实现既定的学习目标。

信息化教学的技术手段有很多,作为一名大学英语教师,一定要学习和掌握基本的教学技术软件,尤其是对于一些年龄较大,不易接受新鲜事物的大学英语教师而言。在平时的信息化教学中,PPT演示文稿、多媒体教学软件等都是最为常用的技术,大学英语教师还要利用计算机收集和掌握一些教学素材,不断提高自己的多媒体技术能力,从而不断提高自己的信息化教学能力。

随着现代信息化技术的不断发展,网络上出现了各种培训课程,其中有关网络技术的培训课程也是相当多的,这一部分课程既有免费的也有付费的,通常都有着较强的专业性,作为一名大学英语教师,尤其是信息化技术教学水平较差的教师,可以多参加一些网络技术课程的学习,从而提升自己的信息化教学能力。

第十章　大数据驱动下大学英语教学评价的多元化改革

高等教育的网络化对大学英语教学提出了新的要求,其不仅要求大学英语教学更新理念、改变方式,还要求对教学评价进行反思与评价。现在大学英语教学的突出问题就是教学评价存在不完善、不合理的层面。因此,当前的大学英语教学应该以互联网作为支撑,对教学评价体系进行改革,使教学评价更具有多元化与科学性。本章对大数据驱动下大学英语教学评价的多元化改革进行研究。

第一节　大学英语教学评价概述

一、教学评价的界定

很多人一提到评价,就将其与评估、测试等同起来,其实三者有着一定的区别与联系。简单来说,测试为评估与评价提供依据,评估为评价提供数据,评价是对教与学效果的整体评估。三者的关系如图 10-1 所示。

从图 10-1 中可知,三者既有紧密的联系,又有明显的区别。就关系层面来说,三者体现了一种包含与层级的关系。测试充当其他两者的支撑信息。在包含与层级关系的同时,三者又存在明显的区别,具体表现为如下三个层面。

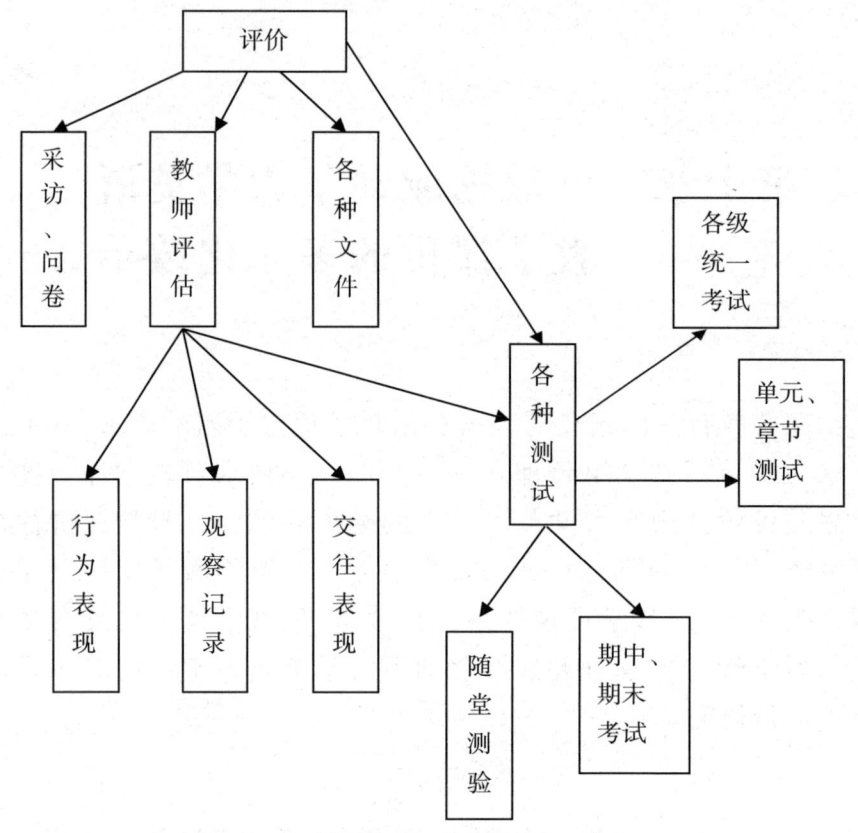

图 10-1 评价、评估与测试的关系

（资料来源：黎茂昌、潘景丽，2011）

（1）三者的目标不同。就某一程度来说，测试主要是为了满足家长、学校的需要，因为他们需要知道自己的孩子或学生的情况，且与其他学校是否存在差距。当今社会仍旧以应试为主，因此测试为家长、学校提供了很多信息，也是家长、学校关心的事情。评估主要是为教师、学生提供依据，如学习效果、学习中遇到的问题等，有助于教师提高教学的质量，也有助于学生提高自身的学习效率。评价有助于行政部门制定政策，对教学进行合理配置。可见，三者的作用不同，导致开展的范围与采用的方式也有明显的不同。

（2）三者的数据信息不同。测试所收集的数据一般是学生的试卷信息,反映的也是学生的语言水平。从学生的语言运用能力来说,有些部分是无法用测试来评判的。评估可以划分为终结性评估与形成性评估两大类,前者依据的是测试,后者依据的是教与学的过程,注重学生对任务的完成、概念的理解等层面。当然,其依据更多的是定性分析,而不是定量分析。评价所依据的信息多为问卷、访谈、测试、教师评估等,是定量分析与定性分析的结合,是一种综合性评估。

(3)三者的展示方式不同。测试的展示方式往往是考试,这在前面已经有所论述,最终结果也通过分数排序来展现。而相比之下,评估与评价往往是以鉴定描述或等级划分的方式展现出来。

总之,评价在人们的社会活动中广泛存在。有人认为:"评价是确定课程能否达到既定目标的一种手段。"也有人认为:"评价是运用不同的渠道,对学生的相关资料加以收集,并将这些收集的资料与预定的标准相比较,进而做出判断与决策的过程。"还有人认为:"评价是对相关信息进行收集、综合、分析,从而用这些信息促进课程的发展,对课程的效度、参与者的态度进行评定。"但是,更多的人将评价等同于价值判断。就英语教与学来说,评价指的是学生能否达到某项能力,学生能够实现课程目标,教师的教学与学生的学习能否帮助学生实现既定目标的一种判断手段。

二、教学评价的划分

由于评价的方式、内容等存在明显的差异,因此对评价的划分也有所不同,具体而言可以划分为如下几种。

(一)过程性评价与目标达成评价

所谓过程性评价,即在学习过程中,对学生的学习活动进行评价与判断,目的在于将学生的学习行为能否与学习目的相符解释出来,且用于评判学生能否实现学习目标。评价的内容包含学习策略、阶段性成果、学习方式等。

目标达成评价既可以是对课堂教学目标达成情况的评价，也可以是对单元学习目标达成情况的评价，还可以是对学期教与学目标达成情况的评价，其包含理解类、知识类与应用类三种目标达成评价方式。理解类目标评价方式表现为解释与转化，往往会采用阅读理解、听力理解等方式，会对阅读文本、听力文本进行选择与匹配等。知识类目标评价方式主要表现为对知识掌握情况的评价，并采用再次确认的方式，一般选择填空都属于这类评价方式。应用类目标评价方式即采用输出表达的方法，要求学生根据阅读与听力材料，进行转述或表达。

（二）表现性评价与真实性评价

所谓表现性评价，是指让学生通过完成某一项或者某几项任务，将自身所掌握的知识与技能表现出来，从而对其获得的成就进行评价。简单来说，表现性评价就是通过对学生完成任务的表现情况及获得的成就进行的评价。表现性评价属于一种发展性评价，其核心在于通过学生完成现实的任务，将自身所掌握的知识与技能展现出来，从而促进自身学习的进一步发展。一般来说，表现性评价具有如下几点特征。

（1）属于教学过程的一部分，其要与课程教学相互整合。

（2）其关注的是学生知识与技能的发展，而不是对知识与技能的再次确认与回忆。

（3）一般情境都是真实的，往往需要学生将现实学习中遇到的问题进行解决。

（4）学生需要完成的任务一般较为复杂，往往需要学生将多个学科的知识与技能相融合。

（5）对于学生的发散性思维是非常鼓励的，也允许不同的学生给出不同的答案。

（6）其是形成性评价与终结性评价的结合。

综合来说，表现性评价有助于对学生的学习过程与学习结果展开更真实、更直接的评价，能够将学生的文字、口头等表达能力

第十章 大数据驱动下大学英语教学评价的多元化改革

以及想象力、应变能力等很好地展示出来,因此对于英语教学是非常适用的。

所谓真实性评价,是指基于真实的语境,对学生的表现进行评价,是一种要求学生完成真实任务之后,对自身所学知识与技能的掌握与运用情况进行的评价。与表现性评价相比,真实性评价更加强调真实,即任务的真实,一般来说其任务都是人们现实生活中遇到的问题。

真实性评价也具有表现性评价的那些特征,是表现性评价的一大目标。由于真实性评价要求评价成为教学过程的一个重要组成部分,因此真实性评价也具有形成性评价的特征。同时,真实性评价又注重任务的整体性与情境性,对终结性测试有很大的影响,因此真实性评价又具有终结性评价的特征。可以说,真实性评价融合了多种评价手段,是多种有效评价手段的结合。

(三)形成性评价与终结性评价

所谓形成性评价,即在教与学的过程中,通过对信息进行收集与整合,进而促进教与学的发展。简单来说,形成性评价即在教学过程中,教师与学生获得反馈信息,对教与学加以改进,让学生真正地掌握知识的系统评价手段。一般来说,形成性评价具有如下几个特点。

(1)往往作为教与学的一部分而在教与学过程中呈现。

(2)不是将等级划分作为目标,而主要是将指导、诊断、促进等作为目标。

(3)学生往往充当主体的作用参与其中。

(4)评价的依据是在各个情境下学生的表现。

(5)通过有效的反馈,教师确定学生的水平是否达到预期。

形成性评价集合了过程性评价、真实性评价为一体,其对大学英语教学有着广泛的意义,具体而言总结为如下几点。

（1）改进学生的学习。形成性评价可以将教材中的问题凸显出来，这便于改进学生的学习。教师在批改完试卷后，会将试卷返回给学生，学生通过与答案进行比对，从而发现自己学习中存在的问题，并进行改正。

如果教师在评阅时发现很多学生都会遇到同一问题，这时候教师可以在课堂上进行讲解，为大多数学生答疑解惑。

当然，由于面对不同的学生，教师在给出建议时要考虑符合学生的形式，单独进行讲解，这样才能让学生把握和理解。

（2）强化学生的学习。形成性评价有助于对学生的学习进行强化，因为学生通过教师的肯定，能够激发其进一步学习的积极性，从而提升自己的认知与情感。

（3）记录学生的成长。无论学生学习什么内容，都期待自己可以获得进步。同样，在形成性评价中，教师需要根据学生平时的表现来进行评价，无论是每一堂课的表现还是每一个单元的表现，教师应该将这些表现记录下来，从而构建一个成长记录袋或者电子档案，这不仅可以为之后的评价提供依据，还可以为终结性评价提供参考。

所谓终结性评价，是一种对教师的教学与学生的学习结果的评价，是在教学结束之后，对教与学目标实现程度所进行的评价。因此，其又可以称为"总结性评价"。从定义中可以看出，终结性评价往往出现在教与学结束之后，用于对目标达成情况进行的评价。因此，这一评价方式有时可以等同于之后要讲述的目标达成评价。

对于教学而言，终结性评价是一个普遍的评价手段，但是其作用是不可磨灭的，具体表现为如下几点。

（1）评定学生的学习成绩。在教学中，终结性评价最常见的用途在于评价学生的学习成绩。通过平时测试、期中与期末测试，教师可以了解学生是否有所进步、是否实现既定目标，从而为学生下一步的学习提供建议。

一般来说，终结性评价的总体成绩是平时测试、期中测试、期末测试的综合体。也就是说,在进行评价时,教师应该把这些成绩综合起来评定,最终获得学生的总体成绩与平均成绩。

（2）确定学生的学习起点。终结性评价的结果可以为学生进一步的学习提供依据,同时能够反映出学生的情感与认知。但是,要想将这一评价发挥到最大作用,还需要结合学生具体的分数,以及教师对学生的评语。这样才能帮助教师做出合理的评价。

（3）对学生的学习提供反馈。终结性评价大多在某一阶段结束之后或者某一学期结束之后展开。如果其测试的是学生某一阶段的学习情况,那么所选择的试题应该能够反映学生这一阶段的学习情况,这就是说这一阶段的终结性评价可以为学生前一阶段的学习提供反馈,且这种反馈具有鼓励性与积极性,同时还能对前一阶段学习中出现的问题进行纠错。

如果其测试的是学生某一学期结束之后的学习情况,那么所选择的试题应该进行合理的编制,并且对学生的学习情况进行恰当评分。同时,学生可以从自己的测试结果中获取有效信息,从而改进自己的学习情况,了解自己学习中存在的问题以及成功之处。这些信息有助于为下一学期的学习确定目标。

三、英语教学评价的功能

英语教学评价能够不断促进学生在学习过程中的成功与进步,从而使学生能够真正地认识自我,促进他们综合能力的发展。另外,英语教学评价能够为教师提供反馈信息,从而不断改进自己的教学情况,提升自身的教学水平。总体而言,英语教学评价有如下几点功能。

（一）导向与促进

英语教学评价应该有助于英语教学目标的实现。我们知道,英语教学评价不仅需要评价学生对知识的掌握情况,还需要评价学生的学习态度、发展潜能等,只有通过综合性评价,学生才能在英语学习中保证积极的态度,从而形成有效的学习策略,并且具备跨文化的意识。英语教学评价应该为英语教学目标服务,这样就要求学生从目标出发,制订自己的学习计划,并不断检验自己的学习方法与学习成果,这样才能将自身的潜力挖掘出来,提升自身的学习效率。因此,英语教学评价对于学生来说有着积极的导向作用。

英语教学评价会对学生日常学习表现、学生学习中获得的成绩、学生学习的情感与态度等展开评价,通过对学生学习的激励,可以帮助学生对自己的学习过程进行调度,让他们逐渐获得自信心与成就感,培养学生之间的合作精神。为了让评价与教学过程有机融合,学校与教师应该采用宽松、开放的评价氛围来评价学习活动与效果,可以建立相应的档案袋等,这样对教师与学生进行鼓励,从而实现评价的多元化。

（二）诊断与鉴定

英语教学评价对教与学的情况进行了整体评判。在教学过程中,学生往往会通过评价量表等对教师的教授情况、学生的学习情况展开检测,这样便于学校、教师、学生了解具体的教与学情况,判断学生学习过程中有无偏差,从而找出出现问题的原因,并加以改进与提高。

（三）反馈与调节

师生通过问卷访谈等,发现教与学中的优点与不足,对教与学过程中的得失进行评价。通过评价,教师以科学的方式反馈给学生,促进学生建立更为全面与客观的认识,为下一阶段的教与学规划内容与策略,有效地开展教与学活动。

（四）展示与激励

英语教学评价对学生的学习过程是非常关注的,让学生认识到自身学习中的成功之处,不断鼓励自己,获得更大的成功。当然，教师还需要适当地提点学生学习中的错误，让他们产生一种焦虑感，从而更加勤奋地参与到英语学习中。这种正反鼓励方式，都会不断提高学生学习的主动性与积极性。

第二节 大数据驱动下大学英语教学评价的基本原则

一、主体性原则

所谓主体性原则，即英语教学评价主体需要考虑教学价值主体本身——学生的需求，对教学价值客体进行评价。

在学习中，学生处于主体地位，但是传统的英语教学评价将教师作为核心地位，认为教师充当教育主体的地位，是知识的灌输者，而学生仅是知识的被动接受者，这样导致教学评价主要是针对教师来说的，评价的内容也主要是教师的教学情况。表10-1是一个典型对教师评价的体现。

表10-1 教师课堂教学评价表

项目	内容	权重	得分
教学目标	（1）是否体现明确的教学目标、教学大纲、教材的特点，是否与教学实际相符 （2）是否落实了教学知识点，是否培养了学生的能力 （3）是否将德育寓于知识教育之中	15	
教学内容	（1）教材的处理是否恰当，是否突出了重难点，是否突破了重难点 （2）教学组织是否有清楚的条理，是否简明扼要，是否准确严密，是否难度适中 （3）教学训练是否定向，是否有广度，是否保证强度适中	25	
教学方法	（1）教学的设计是否得当，是否体现了教学改革的精神，是否处理好主导与主体之间的关系问题 （2）教学是否有合理的结构，是否做到教学方法的灵活性，是否将各个环节分配恰当 （3）教学是否有开阔的思路，是否采用现代化的教学手段，是否能够将学生的学习兴趣激发出来 （4）教学是否注重学习方法与学习习惯的指导	25	

续表

项目	内 容	权重	得分
教学基本功	（1）教学中是否运用了清晰、生动、规范的语言 （2）教学中是否保证书写的清晰与特色鲜明 （3）教学中是否有自如的神态，且保证大方得体	15	
教学效果	（1）教学中是否保证热烈的气氛，是否给学生留下了深刻的印象 （2）教学中是否能够面向全体学生，是否完成了教学任务，是否实现了良好的教学效果	20	
综合评价		总分：	等级：

（资料来源：任美琴，2012）

显然，从表10-1中可知这类评价主要是评价学生能否接受教师传授的知识以及接受的程度；评价学生的学习情况来对教师的教学内容与教学方法的合适程度进行审查；评价教师的学习策略是否得当；等等。简单来说，这种教学评价是为教师服务的，并没有展现出学生的主体地位。

当前的教学强调有效教学，即发挥学生的认知主体地位，因此教学评价的对象需要从以教师为主导转向以学生为主体，对学生学习情况的评价内容与手段应该从单一转向多元，如对学生学习动机、学习兴趣等都可以进行评价。基于此，教学评价的对象才能转向学生，当然这里并不是说不对教师进行评价，只是说以学生的评价为着眼点，为学生创造更多适合其学习的环境，且对教师的评定标准也是考虑学生来制订的。

因此，主体性原则要求将学生作为评价主体，即评价活动以学生的发展作为目标，评价设计要有助于学生的多元化、个性化发展，发挥学生的主观能动作用，帮助学生形成积极的态度，同时不能损害学生的自尊心，要对学生予以爱护与尊重。

二、过程性原则

英语教学评价应该坚持过程性原则，这主要体现为两点。

（1）要全程性，即评价要在学生学习的全过程得以贯穿。

（2）要动态性，即对发展过程加以鉴定、诊断、调控等，对整个过程的发展方向加以把握。

英语教学评价对于过程评价非常关注，正是这一点，有助于提升学生的学习兴趣，增强学生英语学习的动机与主动性，从而有助于学生自主学习。

三、多样化原则

英语教学评价应该坚持多样化原则，这主要体现为三大层面。

（1）评价主体要多样化，即不仅涉及教师，还涉及家长、学生等，通过宽松、开放的评价氛围，对教师、家长、学生的参与予以鼓励。

（2）评价形式要多样化，即对学习过程予以关注，要从不同的内容与对象出发，考虑采用自评、互评等评价方式的多元化。

（3）评价手段要多样化，即可以是教师观察，可以是学生量表等，教师从不同学生的学习差异与策略出发，采用恰当的评价手段，选择适合他们自己的评价方式，从而彰显出学生自身的优势，让每一位学生都可以体会到成功的喜悦。

四、实效性原则

英语教学评价强调实效性，即主要是从教育的现实意义与评价行为等层面考量的，其要求在具体的评价实践中，能够将评价的实用价值体现出来。

英语教学评价的实效性原则体现在评价方式上是非常方便的，即不要使用烦琐的程序，但是要保证评价的时机与质量，因此在设计评价内容与方式时，不能与英语教学的目标相脱离，要非常关注评价之后产生的实际效果。

五、发展性原则

英语教学评价应该为学生的发展服务,注重学生信心的树立,发现学生发展过程中所出现的问题,通过反馈对这些问题进行解决,促进他们更好地向前发展。对于发展性原则,一般包含如下几点。

(1)发展性原则要求英语教学评价应该从学生主体出发,将学生的需求作为出发点与落脚点。

(2)发展性原则要求英语教学评价的目的是促进学生的发展,即只要是对学生发展有利的层面,任何手段与技术都可以运用其中。

(3)发展性原则要求英语教学评价对每一位学生的个性特点与原有基础有所把握与关注,从而为每一位学生获得最佳的发展而做出努力。

通过评价,教师才能更好地引导学生对学生的原有基础、认知水平等进行鉴定,认识自己在发展过程中的不足,从而有针对性地进行改进与调整,对自己的学习过程进行优化,使学生获得最佳的发展。除此之外,发展性原则还要求教师对学生的态度、情感等进行关注,以帮助学生形成正确的价值观。

第三节 大数据驱动下大学英语教学评价体系的构建

一、网络评价系统设置

在网络影响下,英语教学评价体系也得到了进一步完善与发展。当前,基于互联网技术构建的英语评价系统有如下几个方面。

(一)网络实时评价系统

网络实时评价系统以网络通信手段为依托,通过利用文字、图像、音频、视频等方式进行相互交流,在沟通过程中实现具体的评价。利用这一评价系统,学生可以不再受时间、空间方面的限制,及时获取教师的有效反馈。这一系统可以帮助教师有效监控、管理学生的学习,可以大大提升学习效率。

(二)网络考试系统

网络考试系统通常涉及针对学生的考试系统、题库系统、自动批阅系统等。学生可以随时随地登录这一系统,通过从题库中抽取试题进行回答,在完成之后就会给出结果,系统会对学生的题目回答情况进行评判。教师可以利用这种系统进行阶段性测试或者综合性测试,学生也可以自由控制题型、时间、难度等。网络考试系统通常可以自动生成答案,并且给出评估报告,对学生的学习风格、学习效果、学习倾向等进行汇报。

(三)网络答疑系统

网络答疑系统一般包括在线讨论、互动交流两种形式。当前,很多外语教学网站中都设置了在线互动讨论区,学生在这个讨论区中可以自由发帖发表自己的学习看法与成果,并通过回帖与其他学生进行沟通与互动。网络答疑系统可以对学生提出的知识难点进行记录,教师可以通过系统记录的难点分析学生的学习情况,进而发现自己教学中存在的问题,及时调整与改变教学策略。通过网络答疑系统的搜索引擎功能,学生可以通过关键字搜索等技术快速得到问题的答案。

(四)网络多媒体考试系统

网络多媒体考试系统是针对网络在线考试系统的进一步改进之后所形成的。在传统文本考试的试卷上,网络多媒体考试系统增加了一些多媒体数据,如音频、视频、图像、漫画等,利用虚拟现实技术组建虚拟的考试环境,非常适合运用到英语网络教学评价中。网络多媒体考试系统使得全面、多元的评价成为可能。

二、互联网技术评价法

互联网技术评价法的评价过程可以划分为制定评价标准、应用评价标准进行测量、划分测量结果等级、给出评价结论四个步骤,如图10-2所示。

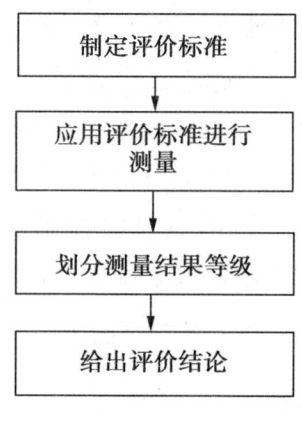

图10-2　评价过程

(资料来源:赵波、段崇江、张杰,2014)

(一)制定标准

制定评价标准的过程就是把评价目标的主要属性细化为一系列具体、可测量的指标的过程。划分好的指标构成一个相对完整的评价指标体系,它能反映评价目标的主要特性。在构建评价指标体系时,应该注意列举能够反映目标的那些主要特性,对于重叠、交叉的指标需要进行一定的合并。下面来看一则多媒体作品质量评价案例。

因为多媒体作品的质量难以直接观察到,因此首先需要列举能够反映多媒体作品质量的主要指标,比如,内容、界面、技术等。

可以看出,这些指标仍然不够具体、难以测量,因此需要把这些指标进一步划分,比如,反映多媒体作品质量的内容特性,可以从主题是否明确、内容是否科学、文字是否通顺、有无错别字来判断。通过这样的方式直到划分出的每一个指标都能够代表评价目标的主要特性,并且每一个评价指标都是明确、可测量的。经过划分后可以得到多媒体作品质量评价的一个指标体系。

每一个指标对于反映评价目标来说,它们的重要性程度是不一样的,重要性程度用权重来表示。可以给每一个指标赋予一定的分值,这个分值反映了这个指标在整个指标体系中的权重。确定指标权重有专门的方法,比如,专家评定法、层次分析法等。在教学过程中,教师也可以依据自己的经验来划分,但是这样划分的结果其可信度往往会受到怀疑。教师可以给多媒体作品质量指标体系赋予分值。

(二)进行测量

测量是依据评价指标体系,用数值来描述评价对象的属性的过程。测量是一个事实判断的过程,即测量是反映评价对象的客观状态,不对这种状况进行主观评判。凡是测量都需要有测量的标准或法则,这是测量的工具。教学中的测量工具不像测量身高用的皮尺、测量体重用的秤一样直观,需要评价者按照评价标准中的每一个指标对评价对象做出实事求是的判断。

(三)划分等级

教师需要对评价对象实施测量以后的测量结果进行界定,界定这个结果达到了什么程度。对测量结果的界定通常采用划分等级的方法,比如,在以百分制计分的测量里,一般把90分以上称为优秀,80—90分称为良好,70—80分称为中等,60—70分称为合格,60分以下称为不合格。在划分测量等级时,采用了定量评价与定性评价相结合的方式,这样能充分发挥定量评价和定性评价的优势。

（四）给出结论

评价的最后一步是根据测量结果对评价对象进行价值判断，给出评价结论。评价结论包含了被评价内容能否通过评价的判定，有时候也会对评价对象达到什么水平进行界定，并且对评价对象的优势与不足做出判断。根据以上的过程来看信息技术教学评价，可以发现教学中通常采用的纸笔考试并不是评价的全部。考试是评价中的测量环节，考试成绩（即测量的结果）并不是评价要得到的唯一和最终结果，如何使用学生的考试成绩分数是每一位教师都应该关注的问题。

三、网络测试法

在互联网教育背景下，测试是最基本的方式。一般来说，测试分为网络随堂测试、网络期中测试、网络期末测试三种。

网络随堂测试是在一节课中对当次课堂教学的知识和技能进行评价的方式。这种评价应该围绕教学目标，对当次课的教学重点和难点进行测验，以检测学生的学习效果。在开始上课时教师还可以组织诊断性评价，对以往学习的知识和技能进行测验，了解学生对原有知识和技能的掌握情况，为本次课的教学提供支持。课堂测验属于形成性评价，为改进教学提供了依据。

网络期中测试通常是在一个学习单元或模块学习结束以后，对整个模块涉及的主要教学目标进行测验。单元测验主要检查学生对整个单元、模块知识和技能的掌握情况。网络期中测验涉及的教学目标比课堂测验多，在进行测验时应该设置对单元、模块知识和技能综合运用的项目，涉及的教学目标类型往往为掌握、分析、综合、评价层次，以检测学生的总体把握情况和对单元知识灵活应用的能力。网络期中测验属于形成性评价，是为改进整个单元、模块的教学服务的。

网络期末测试是对课程的总结性评价，是检查学生学习成就和教师教学效果的重要方式。网络期末考试应该从课程整体目标中的重点、关键点、难点出发,检查学生对基本概念、基本技能、核心知识、主要方法等的掌握情况。网络期末考试可以采用上机测验、作品制作等相结合的方式进行。在评价时可以兼顾学习过程中学生的表现,最后对学生做出总体评价。

四、学习档案评价法

学习档案评价法是当前应用较为广泛的评价方法。所谓学习档案评价法,是指对学生个体的各种信息进行收集。一般来说,其收集的内容具有多样性与动态性。

学习档案积累的材料代表的不仅仅是结果,而是学习过程与学习活动,其包含选择学习内容、比较学习过程、进行目标设置等。学习档案评价可以有效提高学生的自主学习能力。

在档案建立之前,教师可以组织家长与学生阅读学习大纲,理解档案构建的必要性,并对如何构建、使用进行指导,为以后有效地使用档案袋做准备。

五、自我评价表

自我评价表(self-evaluation questionnaire)的设计可以采用量规(rubric)方式,也可以采用问卷调查表的形式。

1. 量规

量规是一种结构化的定量评价标准,往往是从与评价目标相关的多个方面详细规定评级指标,具有操作性好、准确性高的特点。

在评价学生的学习时,运用量规可以有效降低评价的主观随意性,可以教师评,也可以让学生自评或同伴互评。如果事先公布量规,还可以对学生学习起到导向作用。

2. 问卷调查

问卷调查是通过提问题,让学生通过自己的实际情况进行判断,并做出回答。问卷调查表可以帮助学生通过回答预先设计好的问题来产生某种感悟,从而促使他们对自己的学习过程和学习结果进行重新审视和修改,提高他们的自主学习能力。

参考文献

[1][美]布卢姆,等.邱渊,等,译.教育评价[M].上海:华东师范大学出版社,1987.

[2]蔡基刚.中国大学英语教学路在何方[M].上海:上海交通大学出版社,2012.

[3]蔡先金,等.大数据时代的大学:e课程 e教学 e管理[M].济南:山东人民出版社,2015.

[4]车军.基于自主学习的有效教学策略研究[M].北京:光明日报出版社,2011.

[5]陈浩东,等.翻译专业必读书系:翻译心理学[M].北京:北京大学出版社,2013.

[6]陈坚林.计算机网络与外语课程的整合———一项基于大学英语教学改革的研究[M].上海:上海外语教育出版社,2010.

[7]陈俊森,樊葳葳,钟华.跨文化交际与外语教育[M].武汉:华中科技大学出版社,2006.

[8]程晓堂,孙晓慧.英语教材分析与设计[M].北京:外语教学与研究出版社,2011.

[9]辞海编辑委员会.辞海[M].上海:上海辞书出版社,1980.

[10]崔长青.英语写作技巧[M].北京:中国书籍出版社,2010.

[11]崔刚,孔宪遂.英语教学十六讲[M].北京:清华大学出版社,2009.

[12] 邓志伟.个性化教学论[M].上海：上海教育出版社，2002.

[13] 段忠玉,林静,吴德.翻转课堂模式中的英语案例教学研究[M].北京：中国书籍出版社,2016.

[14] 樊永仙.英语教学理论探讨与实践应用[M].北京：冶金工业出版社,2009.

[15] 冯莉.大学英语语法教学理论与实践[M].长春：吉林出版集团有限责任公司,2009.

[16] 何广铿.英语教学法教程：理论与实践[M].广州：暨南大学出版社,2011.

[17] 何少庆.英语教学策略理论与实践应用[M].杭州：浙江大学出版社,2010.

[18] 何自然,冉永平.新编语用学概论[M].北京：北京大学出版社,2009.

[19] 胡春洞.英语教学法[M].北京：高等教育出版社,1990.

[20] 胡文仲.高校基础英语教学[M].北京：外语教学与研究出版社,2006.

[21] 胡壮麟,朱永生,张德禄,等.系统功能语言学概论(修订版)[M].北京：北京大学出版社,2008.

[22] 黄荣怀.信息技术与教育[M].北京：北京师范大学出版社,2002.

[23] 黄荣怀,等.移动学习——理论·现状·趋势[M].北京：科学出版社,2008.

[24] 贾冠杰.英语教学基础理论[M].上海：上海外语教育出版社,2010.

[25] 教育部高等教育司.大学英语课程教学要求[M].上海：上海外语教育出版社,2007.

[26] 剧锦霞,倪娜,于晓红.大学英语教学法新论[M].北京：中国书籍出版社,2014.

[27] 康莉.跨文化视角下的大学英语教学:困境与突破[M].北京:中国社会科学出版社,2014.

[28] 柯清超.超越与变革:翻转课堂与项目学习[M].北京:高等教育出版社,2016.

[29] 黎茂昌,潘景丽.新课程小学英语教学理论与实践[M].成都:四川大学出版社,2011.

[30] 李成学,罗茂全,胡林.教师的素质与形象[M].四川:四川教育出版社,2010.

[31] 李军.实战大数据:客户定位和精准营销[M].北京:清华大学出版社,2015.

[32] 李莉文.英语写作教学与思辨能力培养研究[M].北京:外语教学与研究出版社,2011.

[33] 李庭芗.英语教学法[M].北京:高等教育出版社,1983.

[34] 张鑫.英语教学的理论与实践[M].北京:知识产权出版社,2012.

[35] 李学爱.跨文化交流:中西方交往的习俗和语言[M].天津:天津大学出版社,2007.

[36] 李雁冰.课程评价论[M].上海:上海教育出版社,2002.

[37] 李正栓,郝惠珍.中国语境下英语教师教育与发展研究[M].保定:河北大学出版社,2009.

[38] 林新事.英语课程与教学研究[M].杭州:浙江大学出版社,2008.

[39] 刘润清,韩宝成.语言测试和它的方法(第2版)[M].北京:外语教学与研究出版社,2000.

[40] 刘颖.计算语言学(修订版)[M].北京:清华大学出版社,2014.

[41] 鲁子问,康淑敏.英语教学方法与策略[M].上海:华东师范大学出版社,2008.

[42] 鲁子问,王笃勤.新编英语教学论[M].上海:华东师范大学出版社,2006.

[43] 鲁子问. 英语教学论(第2版)[M]. 上海：华东师范大学出版社, 2010.

[44] 罗少茜. 英语课堂教学形成性评价研究[M]. 北京：外语教学与研究出版社, 2003.

[45] 马广惠. 英语词汇教学与研究[M]. 北京：外语教学与研究出版社, 2018.

[46] 孟丽华, 武书敬. 网络环境下大学英语教师专业素质发展研究[M]. 北京：外语教学与研究出版社, 2015.

[47] 庞维国. 自主学习——学与教的原理和策略[M]. 上海：华东师范大学出版社, 2003.

[48] 任美琴. 中学英语有效教学的一种实践模型[M]. 宁波：宁波出版社, 2012.

[49] 任庆梅. 英语听力教学[M]. 北京：外语教学与研究出版社, 2011.

[50] 沈银珍. 多元文化与当代英语教学[M]. 杭州：浙江大学出版社, 2006.

[51] 束定芳, 庄智象. 现代外语教学：理论、实践与方法(修订版)[M]. 上海：上海外语教育出版社, 2008.

[52] 孙慧敏, 李晓文. 翻转课堂, 我们在路上[M]. 杭州：浙江大学出版社, 2018.

[53] 王策三. 教学论稿[M]. 北京：人民教育出版社, 1985.

[54] 王笃勤. 英语教学策略论[M]. 北京：外语教学与研究出版社, 2006.

[55] 王芬. 高职高专英语词汇教学研究[M]. 上海：上海交通大学出版社, 2012.

[56] 王鹤. 教育信息化背景下的大学英语自主学习探索[M]. 北京：经济管理出版社, 2016.

[57] 王琦. 信息技术环境下的外语教学研究[M]. 北京：中国社会科学出版社, 2006.

[58] 王素荣. 教育信息化: 理论与方法 [M]. 北京: 社会科学文献出版社, 2006.

[59] 王亚盛, 丛迎九. 微课程设计制作与翻转课堂教学应用 [M]. 北京: 机械工业出版社, 2019.

[60] 王奕标. 透视翻转课堂: 互联网时代的智慧教育 [M]. 广州: 广东教育出版社, 2016.

[61] 魏海波. 实用英语翻译 [M]. 武汉: 武汉理工大学出版社, 2009.

[62] 魏会廷. 教师学习共同体: 促进教师专业发展的新途径 [M]. 武汉: 武汉大学出版社, 2014.

[63] 武锐. 翻译理论探索 [M]. 南京: 东南大学出版社, 2010.

[64] 武尊民. 英语测试的理论与实践 [M]. 北京: 外语教学与研究出版社, 2003.

[65] 谢职安. 高校英语教师专业发展研究 [M]. 北京: 知识产权出版社, 2014.

[66] 徐锦芬. 大学外语自主学习理论与实践 [M]. 北京: 中国社会科学出版社, 2007.

[67] 徐文峰. 教师专业发展实践导论 [M]. 北京: 人民日报出版社, 2015.

[68] 许智坚. 多媒体外语教学理论与方法 [M]. 厦门: 厦门大学出版社, 2010.

[69] 许智坚. 计算机辅助英语教学 [M]. 厦门: 厦门大学出版社, 2015.

[70] 许倬云. 中国文化与世界文化 [M]. 桂林: 广西师范大学出版社, 2006.

[71] 闫文培. 全球化语境下的中西文化及语言对比 [M]. 北京: 科学出版社, 2007.

[72] 严明. 大学英语自主学习能力培养模式研究: 体验的视角 [M]. 哈尔滨: 黑龙江大学出版社, 2009.

[73] 严明.大学英语自主学习能力培养教程[M].哈尔滨：黑龙江大学出版社,2008.

[74] 于永昌,刘宇,王冠乔.大数据时代的教育[M].北京：北京师范大学出版社,2015.

[75] 战德臣,等.MOOC+SPOCs+翻转课堂：大学教育教学改革新模式[M].北京：高等教育出版社,2018.

[76] 张福涛.翻转课堂理论研究与实践探索[M].济南：山东友谊出版社,2014.

[77] 张豪锋.教育信息化与教师专业发展[M].北京：科学出版社,2008.

[78] 张红玲.跨文化外语教学[M].上海：上海外语教育出版社,2007.

[79] 张红玲,等.网络外语教学理论与设计[M].上海：上海外语教育出版社,2010.

[80] 张萍.基于翻转课堂的同伴教学法：原理·方法·实践[M].北京：人民邮电出版社,2017.

[81] 张全.全球化语境下的跨文化翻译研究[M].昆明：云南大学出版社,2010.

[82] 张鑫.英语教学的理论与实践[M].北京：知识产权出版社,2012.

[83] 章兼中.英语课程与教学论[M].福州：福建教育出版社,2016.

[84] 赵伟.大数据在中国[M].南京：江苏文艺出版社,2014.

[85] 郑茗元,汪莹.网络环境与大学英语课程的整合化教学模式概论[M].北京：中国水利水电出版社,2015.

[86] 钟玉芹.大学英语混合式教学探究[M].北京：电子工业出版社,2017.

[87] 周文娟.大数据时代外语教育理念与方法的探索与发现[M].上海：上海交通大学出版社,2014.

[88] 朱旭东. 教师专业发展理论研究 [M]. 北京：北京师范大学出版社, 2011.

[89] 陈莹莹. 线上线下混合式学习模式在初中英语听力教学中的应用研究 [D]. 上海：上海师范大学, 2020.

[90] 崔冬梅. 翻转课堂视域下的大学英语教学状况研究 [D]. 大连：辽宁师范大学, 2015.

[91] 段晶晶. 翻转课堂在高职公共英语教学中的应用研究 [D]. 石家庄：河北师范大学, 2017.

[92] 茍巧丽. 多媒体教学环境下大学英语教师角色的研究 [D]. 重庆：四川外语学院, 2012.

[93] 黄慧. 建构主义视角下的大学英语语法教学研究 [D]. 上海：上海外国语大学, 2007.

[94] 黄兰. 微课在初中课堂教学中应用的现状分析与对策研究 [D]. 金华：浙江师范大学, 2015.

[95] 开紫薇. 基于翻转课堂的小学英语词汇教学设计 [D]. 上海：上海外国语大学, 2017.

[96] 李志文. 网络教学资源建设与应用 [D]. 济南：山东师范大学, 2003.

[97] 刘三灵. 网络时代高校英语教师素质研究 [D]. 长沙：湖南农业大学, 2008.

[98] 毛婷婷. 基于网络资源平台的翻转课堂在初中英语语法教学中的应用研究 [D]. 苏州：苏州大学, 2017.

[99] 牟必聪. 翻转课堂理念下高中英语词汇教学的设计与实践 [D]. 上海：华东师范大学, 2018.

[100] 潘清华. 微课在中职英语教学中的应用 [D]. 济南：山东师范大学, 2016.

[101] 齐婉萍. "微课"在高中语文教学中的运用 [D]. 哈尔滨：哈尔滨师范大学, 2015.

[102] 商利民. 教师专业学习共同体研究 [D]. 广州：华南师范大学, 2005.

[103] 孙先洪.信息技术与大学英语课程整合中的教师计算机自我效能研究——基于聊城大学大学英语教学改革的实践[D].上海：上海外国语大学，2013.

[104] 王曼琪."慕课"教学模式评析及实施建议[D].呼和浩特：内蒙古师范大学，2015.

[105] 赵富春.大学英语口语探究式教学研究[D].南京：南京航空航天大学，2010.

[106] 朱琦.大学英语翻转课堂教师角色研究[D].重庆：四川外国语大学，2016.

[107] 陈晓菲.翻转课堂教学模式的研究[D].武汉：华中师范大学，2014.

[108] 包布赫.基于移动工具的大学英语写作混合式教学模式探究[J].林区教学，2020（1）.

[109] 蔡文斌.混合式学习视阈下慕课在大学英语听力教学中的应用研究[J].文化创新比较研究，2019，3（35）.

[110] 敖冰峰，杨扬.关于多媒体网络教学的研究[J].应用能源技术，2006（9）.

[111] 陈新汉.自我评价活动论纲[J].北京师范大学学报(社会科学版)，2007（1）.

[112] 迟秋雅，周景芸."互联网+"背景下大学英语听说混合式教学探析[J].英语教师，2019，19（24）.

[113] 邓妍祯.信息技术支持下的大学英语混合式教学设计与实践[J].湖北开放职业学院学报，2019，32（11）.

[114] 冯玉，李丽华.大学生英语自主学习的移动微学习诉求研究[J].海外英语，2016（21）.

[115] 付英.基于网络传媒的大学英语教学现状分析及应对策略[J].中国报业，2012（16）.

[116] 高频.多媒体和网络环境下大学英语词汇教学改革初探[J].凯里学院学报，2008（2）.

[117] 桂花,杨征权.微课程教学法在高职英语语法教学中的运用[J].高教学刊,2016(7).

[118] 何欣忆.翻转课堂模式下的大学英语翻译教学[J].教育现代化,2018(43).

[119] 胡铁生,黄明燕,李民.我国微课发展的三个阶段及其启示[J].远程教育杂志,2013(4).

[120] 胡铁生.微课:区域教育信息资源发展的新趋势[J].电化教育研究,2011(10).

[121] 黄娜,付瑞阳.手机APP在高职英语混合式教学中的应用[J].科技资讯,2020,18(15).

[122] 霍玉秀.基于"项目式学习"模式与学生综合能力的培养[J].语文学刊(外语教育教学),2013(11).

[123] 焦建利.微课及其应用与影响[J].中小学信息技术教育,2013(4).

[124] 解小爽.高职英语教学中如何培养学生自主学习能力[J].课程教育研究,2013(22).

[125] 黎加厚.微课的含义与发展[J].中小学信息技术教育,2013(4).

[126] 李松林,李文林.教学活动理论的系统考察与方法论反思[J].外国中小学教育,2008(1).

[127] 李相群,孙琳.新要求下大学英语教师角色的转变[J].民族论坛,2006(2).

[128] 连淑能.翻译课教学法探索——《英译汉教程》教学方法提示[J].外语与外语教学,2007(4).

[129] 梁为.基于虚拟环境的体验式网络学习空间设计与实现[J].中国电化教育,2014(3).

[130] 林崇德,申继亮,辛涛.教师素质的构成及其培养途径[J].中国教育学刊,1996(6).

[131] 刘红霞,赵蔚,陈雷.基于"微课"本体特征的教学行为涉及与实践反思[J].现代教育技术,2014(2).

[132] 刘卉.大学英语文化教学中阅读圈教学模式的构建与探索[J].教育现代化,2018(45).

[133] 刘建达.学生英文写作能力的自我评估[J].现代外语,2002(3).

[134] 刘俊玲,曾薇.慕课在高校英语教学中的应用研究[J].课程研究,2016(5).

[135] 刘梦雪.通过自我评估训练促进自主式英语学习的实证研究[J].疯狂英语(教师版),2009(4).

[136] 刘艳晖.多媒体网络环境下的英语词汇教学[J].湖南第一师范学报,2009(2).

[137] 刘艳丽.基于信息技术的大学英语口语混合式教学模式研究[J].国际公关,2020(6).

[138] 刘艳茹.翻转课堂在大学英语翻译教学中的应用[J].重庆科技学院学报(社会科学版),2017(6).

[139] 楼荷英,寮菲.大学英语教师的教学信念与教学行为的关系——定性与定量分析研究[J].外语教学与研究,2005(4).

[140] 楼荷英.自我评估同辈评估与培养自主学习能力之间的关系[J].外语教学,2005(4).

[141] 罗炜,唐年青.混合式教学在高职英语视听说课程教学中的应用[J].河北职业教育,2019,3(3).

[142] 欧阳日辉.从"+互联网"到"互联网+"——技术革命如何孕育新型经济社会形态[J].人民论坛·学术前沿,2015(10).

[143] 潘燕.浅析中西方文化差异对英语教学的影响[J].希望月报(上半月),2008(6).

[144] 裴剑波.论教学翻译对翻译教学的十种不良影响[J].高教论坛,2003(1).

[145] 沈彩芬,程东元.网络多媒体环境下的外语教学特征及其原则[J].外语电化教学,2008(3).

[146] 宋惠兰.论教育信息化与高校教师的信息素质培养[J].图书馆论坛,2003(1).

[147] 宋沛轩,韩丽.基于混合学习的英语听力教学模式的设计研究[J].科教文汇(上旬刊),2019(25).

[148] 宋艳玲,孟昭鹏,闫雅娟.从认知负荷视角探究翻转课程——兼及翻转课堂的典型模式分析[J].远程教育杂志,2014(1).

[149] 朱艳华.通过自我评估培养非英语专业大学生自主学习能力[J].黑龙江教育学院学报,2009(8).

[150] 苏小兵,管珏琪,钱冬明等.微课概念辨析及其教学应用研究[J].中国电化教育,2014(7).

[151] 汪晓东,张晨婧仔."翻转课堂"在大学教学中的应用研究——以教育技术学专业英语课程为例[J].现代教育技术,2013(8).

[152] 孟祥增,刘瑞梅,王广新.微课设计与制作的理论与实践[J].远程教育杂志,2014(6).

[153] 王洁.混合式教学模式在大学生英语阅读教学中的应用[J].课程教育研究,2020(8).

[154] 王珏.基于慕课环境的大学英语翻译教学[J].湖北函授大学学报,2016(18).

[155] 王丽芳.基于MOOC的翻转课堂教学模式应用研究——以大学英语词汇教学为例[J].济南职业学院学报,2018(1).

[156] 王谋清,杨洋.混合式教学模式在大学生英语阅读教学中的应用[J].辽宁师范大学学报(社会科学版),2019,42(4).

[157] 王艳红.人工智能背景下英语写作教学中混合式教学模式的应用[J].西部素质教育,2020,6(12).

[158] 韦孟芬.大学英语翻译教学中文化导入探讨[J].淮海工学院学报,2010(6).

[159] 肖亮荣,俞真.论计算机网络技术给大学英语教学带来的机遇和挑战[J].外语研究,2002(5).

[160] 谢大滔.体验式教学在大学生英语自主学习中的应用[J].教育探索,2012(9).

[161] 徐茜. 基于微课的翻转课堂在高职英语语法教学中的运用和研究 [J]. 吉首大学学报（社会科学版）, 2018（S2）.

[162] 杨立梅. 混合式教学在高校学校英语听力课堂教学中的运用分析 [J]. 中国校外教育, 2019（33）.

[163] 杨忠, 张绍杰, 谢江巍. 大学英语教师的科研现状与问题分析 [J]. 外语教学, 2001（6）.

[164] 叶砾. 基于移动学习的医学英语混合式教学模式研究与实践 [J]. 广东职业技术教育与研究, 2019（6）.

[165] 易衡. 网络环境下高职英语自主学习的问题及对策研究 [J]. 海外英语, 2018（22）.

[166] 尹苗苗. "互联网+教育"在我国的发展历程探析 [J]. 文教资料, 2016（16）.

[167] 曾春花. 网络多媒体辅助下的英语语法教学探究 [J]. 福建广播电视大学学报, 2015（4）.

[168] 翟莉娟, 王翠梅. 从认知策略看英语词汇学习 [J]. 科学文汇（上旬刊）, 2008（11）.

[169] 张海瑞. 大学英语翻译教学存在的问题与对策 [J]. 教育理论与实践, 2010（19）.

[170] 张楠楠. 基于慕课时代的大学英语课堂教学模式探索与研究 [J]. 科技创新导报, 2014（36）.

[171] 张晓君, 李雅琴, 王浩宇, 丁雪梅. 认知负荷理论视角下的微课程多媒体课件设计 [J]. 现代教育技术, 2014（2）.

[172] 赵蜻宏. 慕课对大学英语写作课堂教学的影响 [J]. 科技教育, 2016（2）.

[173] 郑小军, 张霞. 微课的六点质疑及回应 [J]. 现代远程教育研究, 2014（2）.

[174] 周树江. 论英语教学中的真实性原则 [J]. 黑龙江高教研究, 2007（6）.

[175] 周燕. 高校英语教师发展需求调查与研究 [J]. 外语教学与研究, 2005（3）.

[176] 周莹.高职高专英语自主学习能力的分析与对策[J].文教资料,2013（12）.

[177] 朱改鸾.慕课背景下翻转课堂在大学英语翻译教学中的应用解析[J].英语广场：学术研究,2019（2）.